琅嬛奇珍

宋刊論語集說

上册

[宋]蔡節 編

中國書店

圖書在版編目（CIP）數據

宋刊論語集説 /（宋）蔡節編. — 北京 ：中國書店，2021.5

（琅嬛奇珍叢書）

ISBN 978-7-5149-2745-0

Ⅰ. ①宋… Ⅱ. ①蔡… Ⅲ. ①儒家②《論語》－注釋 Ⅳ. ①B222.22

中國版本圖書館CIP數據核字(2021)第040349號

宋刊論語集説

[宋] 蔡節　編

責任編輯：劉深

出版發行：中國書店

地　　址：北京市西城區琉璃廠東街115號

郵　　編：100050

印　　刷：藝堂印刷（天津）有限公司

開　　本：787毫米×1092毫米　1/16

版　　次：2021年5月第1版　2021年5月第1次印刷

印　　張：36.25

書　　號：ISBN 978-7-5149-2745-0

定　　價：265.00元（全二册）

内容提要

《論語集説》爲宋蔡節所作之《論語》集注本，十卷。南宋淳祐六年（一二四六）湖州頖宫刻本。

蔡節，永嘉人，南宋淳祐六年曾任朝散郎，集英殿修撰，後知婺州、慶元等地。宋許應龍《東澗集》卷四稱蔡節：『倉廩委積，悉賴大農，雖設屬立貳以任其責，而爲之長者其職尤高。雖以次遷，實階顯用，以爾疏通無壅，廉静寡求。出典輔藩，入登朝列，郎闈寺監，無施不宜。省闥彌綸，奉公守正，力求外補，勉徇雅懷。』《吴興志・郡守》稱蔡節于淳祐六年三月初六至七年七月初十領守銜，時長一年又四個月，职守吴興。吴興乃湖州治所，湖州因濱臨太湖而得名。

《中國古籍善本總目》及各家目録著録此書爲宋淳祐六年湖頖刻本，國家圖書館李致忠先生考訂，所謂『湖頖』，當爲湖州頖宫（亦稱泮宫）的簡稱。湖州早在隋朝仁壽二年（六〇二）已有其名，其治所在烏程，即吴興。到唐時其轄境已相當今天浙江的吴興、德清、安吉、長興等地。南宋寶慶（一二二五—一二二七）初年改曰安吉州。這個地區唐宋以後蠶絲業甲于東南，歷史上是個經濟富庶、文化發達的地區，刻書出版業昌盛。

此本前鎸有文學掾姜文龍于淳祐六年丙午所寫跋，稱：『晦庵先生嘗語門人曰：「看《集注》熟了，更看《集義》，方始無疑。」又曰：「不看《集義》，終是不浹洽。」永嘉蔡先生《集説》之作，自《集義》中來，本之明道、伊川二先生，參以晦庵《或問》。而于晦庵、南軒先生，尤得其骨髓。蓋南軒學于口五峰先生，又與晦庵相講磨，故語説多精切。是書也，説雖博，而所會者約；文雖約，而所該者博，大有益于後學，遂請刊于湖頖。淳祐丙午冬至文學掾姜文龍謹書。』這段跋文闡述了《論語集説》的淵源和價值所在。

泮宮是古代對學校的泛稱。《周禮·明堂位》謂周學有泮宮。漢文帝命博士撰《王制》，遂謂天子之學有辟雍，諸侯之學有泮宮。之後，説經者皆以泮宮爲學宮。此書引證家多説簡，闡釋文約義該，有裨後學，故由姜文龍向蔡節提出請求，將之刊于湖頖，實爲請刊于湖州州學。

姜文龍淳祐六年短跋後有寫于淳祐五年（一二四五）五月蔡節自薦而獲准進呈的《進書表》，次爲《論語集説例》。蔡氏此書編撰體例清晰，分五例：全用一家之説，則獨書姓氏于下；兼用諸家之説，則各書姓氏于下；雜用衆家之説，則于末後總書姓氏。添入己意三數語，則于末後書本某氏説，此通謂『集曰例』。全附以己意，謂之『釋曰例』。集曰已編正説，有它説可以互相發明者，則附注于下釋曰同，謂之『注書例』。集諸家説，後附己意，謂之『節謂例』。非正説而旁引可以見意者，則低一字書，謂之『低集釋一字例』。采各家之説，均于其後注明。引證博而約，釋文簡賅，頗有裨于後學。

此本傳世極罕，目前僅藏于國家圖書館。此書扉頁有翁同龢、翁斌孫題寫書簽，封面題寫書名者爲成親王，書中還鈐有『東宫書府』『成親王』『詒晋齋印』『錫賜名孚敬字茂恭』等印，另可見鈐有『文淵閣』一印，上被『李先開』印所遮掩，可見此書流傳有緒。

中國國家圖書館　陳紅彦

二〇一九年八月二十日

目録

宋刊論語集説

論語集説

淳祐槧本

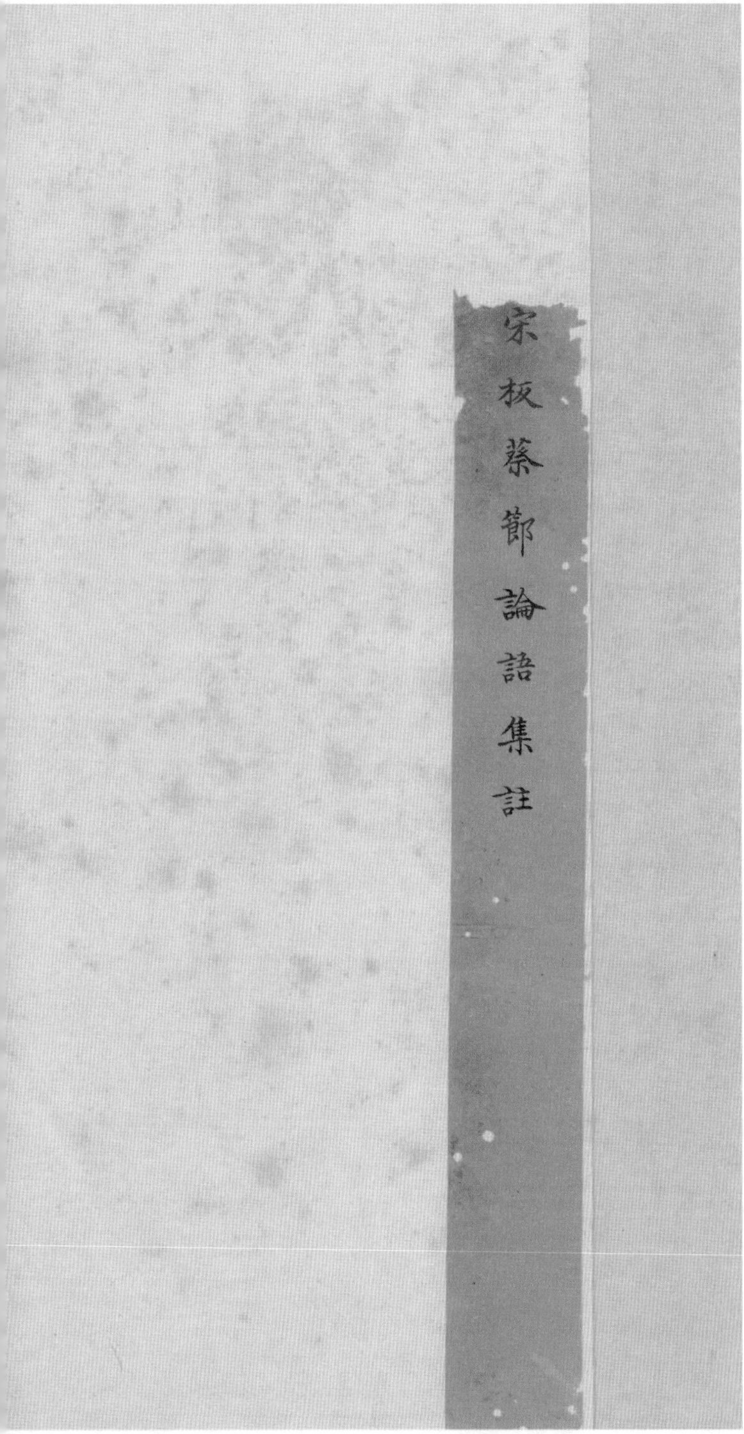
宋板蔡節論語集註

蔡氏論語集說

宋刊十册

常熟翁氏藏

晦菴先生嘗語門人曰看集註熟了
更看集義方始無疑又曰不看集
義終是不浹洽
永嘉蔡先生集說之作自集義中
來本之 明道 伊川二先生參以
晦菴或問而於 晦菴 南軒先生

尤得其骨髓蓋 南軒學於
五峯先生又與 晦庵相講磨故
語說多精切是書也說雖博而所
會者約文雖約而所該者博大有
益於後學遂請刊于湖頖淳祐丙
午冬至文學掾姜 文龍謹書

進論語集說表

臣節言臣五月十一日具

奏乞投

進所編論語集說奉

聖旨許令投

進者伏以

求知行之實誠莫切於魯論

加講習之功端有裨於

聖學喜數年之編集幸一旦之

際逢竊惟洙泗垂訓之書莫非

帝王傳道之要存心爲大主敬以勝百邪克己實難爲仁以該衆善能博文而約禮復篤志而近思視明聽聰截然天理人欲之辨直舉枉錯判乎君子小人之分思

君位之至艱畏天命之不易欲如北辰之衆共當正南面以篤恭權不至於下移禮樂征伐之自出俗必期於丕變德禮刑政之並行常念四海之困窮用躋羣生於富庶寧菲衣而菲食庶足國以足民放鄭聲遠佞人邦政以立舉逸民繼絶世人心攸歸詳味聖言悉關

后德豈惟
一王之成式抑亦
百代之宏規茲蓋恭遇
皇帝陛下性本生知
學由時習
洞明一貫之旨
深省四勿之幾伏願
惟精惟一以執中
克勤克儉而無間
體成湯之罪己

簡在
帝心
法帝堯之則天
大茲
君道臣干冒
天威無任激切屏營之至臣所編到論語集說二
十卷繕寫成一十冊用黃羅夾複封全謹隨表上
進以
聞臣節惶懼惶懼頓首頓首謹言
淳祐伍年伍月 日朝散郎試大府卿兼樞密副都承旨臣蔡節上表

論語集説例

集曰例

全用一家之説則獨書姓氏于下

兼用諸家之説則各書姓氏于下

雜用諸家之説則於末後總書姓氏

添入己意三數語則於末後書本某氏説

釋曰例

全附以己意

註書例

集曰巳編正説有它説可以互相發明者

則附註于下釋曰同

節謂例

集諸家説後附以己意故曰節謂

低集釋一字例

非正說而旁引可以見意者則低一字書

論語集說卷第一

永嘉蔡　節　編

學而第一凡一十六章

子曰學而時習之不亦說乎有朋自遠方來不亦樂乎人不知而不慍不亦君子乎說音悅樂音洛慍於問切

集曰子謂孔子也馬氏註學之爲言效也習者重習也伊川程子曰如鷹乃學習之義時習者時時習之也說喜意也不亦乎者反辭也朋同類也自從也方所也樂之義比說爲發舒也

慍含怒意君子成德之名本伊川程子晦菴朱氏南軒張氏說節謂人之於理有未之能知能行也必貴於學焉學則效夫已知已行者而求以盡此理也學矣而不習則我與理爲二固無所得於己習矣而不時則功力有間斷雖得之必失之惟學矣而又時時習之則所學者熟浹洽貫通而油然自得矣有朋自遠方來學之信乎人也彼己相資講習相長其學益充而其樂可勝既耶學以爲己而已人而或不知之吾何慍焉人不知

而不慍則學至而德成矣此所以爲君子
也
有子曰其爲人也孝弟而好犯上者鮮矣不好
犯上而好作亂者未之有也君子務本本立而
道生孝弟也者其爲仁之本與弟好並去聲鮮上聲與平聲
集曰有子姓有名若孔子弟子何氏註善事
父母爲孝善事兄長爲弟好猶欲也犯干
犯也上謂在上之人也鮮少也作亂謂爲
逆理敗常之事也未之有言必無也務專
力也本猶根也仁者心之德愛之理也爲

仁猶曰行仁與語辭孝弟順德也孝弟之人其心和順故少好犯上也既不好犯上則未有好作亂者也君子之進德每務其本本立而道自生仁者無不愛也而莫先於事親從兄惟能於孝弟而用力焉則根本既立而仁之爲道亦由是生生不窮矣此孝弟所以爲爲仁之本與本晦菴朱氏南軒張氏說

伊川程子曰爲仁以孝弟爲本論性則以仁爲孝弟之本蓋仁是性也孝弟是用也謂之行仁之本則可謂是仁之本則不可節謂孩提而知愛親及長而知敬兄乃仁之發見最先而至切者也故曰行仁自孝弟始

子曰巧言令色鮮矣仁（令去聲鮮上聲）

集曰巧好也令善也好其言善其色言如是之人少有仁者也蓋致飾於外務以悅人則人僞日滋而本心之德亡矣（本晦庵朱氏說）

曾子曰吾日三省吾身爲人謀而不忠乎與朋友交而不信乎傳不習乎（省悉井切爲去聲傳平聲）

集曰曾子姓曾名參字子輿孔子弟子（邢氏疏）省察也爲猶助之也謀計慮也友同志也交交際也心無不盡曰忠言無不實曰信傳謂受之於師習謂熟之於已謀人之

事而忠與朋友交而信主於誠實也傳而習則所學在我矣龜山楊氏曰傳而不習口耳之學也曾子以此三者日省其身有所不足不敢不加勉也其自治如此可以見其學之切實矣本晦庵氏說建安游氏曰此特曽子之省身者爾若學者則又不止此

子曰道千乘之國敬事而信節用而愛人使民以時道乘並去聲

集曰道猶治也包氏註千乘諸侯之國其地可出兵車千乘者也敬者主一無適之謂節省約也用國用也使猶役也時謂農隙

之時（本晦庵朱氏說）節謂敬事而信敬者立事之本而信又所以成之也節用則不傷財知節用則又當知愛人蓋節用特愛人之一事耳使民而不奪其時則力本者得以自盡國君果能行此五者亦足以治其國矣

子曰弟子入則孝出則弟謹而信汎愛衆而親仁行有餘力則以學文（上弟字上聲下弟字去聲）

集曰弟子言爲弟爲子者（邢氏疏）孝所以事親故言入弟所以從兄故言出（平仲劉氏）謹者行有常也信者言有實也汎普也衆謂衆

人親親之也仁謂仁者以用也文謂詩書六藝之文晦菴朱氏入孝出弟謹行信言又能汎愛而親仁東溪劉氏曰汎愛則有容親仁則有別事親從兄脩身待物之道在是矣行有餘力則以學文朱氏曰力行而不學文則無以考聖賢之成法識事理之當然言當以是數者爲先務而以其餘暇之力學文也節謂此章教人以脩行學文本末不遺要識夫先後之序而已

子夏曰賢賢易色事父母能竭其力事君能致其身與朋友交言而有信雖曰未學吾必謂之

學矣

集曰子夏姓卜名商字子夏孔子弟子邢氏疏節謂賢賢易色謂賢人之賢而爲之改容更貌也力無所不盡之謂竭致猶委也謂不有其身也誠於好賢孝於事親忠於事君不欺於朋友四者人道之先務也子夏言有能如是之人雖或以爲未嘗爲學我必謂之巳學者蓋以學當務其本也武夷吳氏曰子夏之言其意善矣然抑揚大過流弊將或至於廢學必若上章夫子之言然後爲無弊也

子曰君子不重則不威學則不固主忠信無友
不如己者過則勿憚改
集曰重厚重威威嚴固堅固也主者心之
所主也無毋通與勿皆禁止之辭如猶若
也無友不如己者謂與勝己者處也過失
也憚畏難也本晦庵朱氏說節謂學以厚重爲先
不厚重則不威嚴而所學亦不堅固學以
忠信爲主不忠信則言之與行皆無其實
友所以輔仁不如己則無益而有損改過
所以從善過而或憚於改則善無自而生

矣藍田呂氏曰自治不勇則惡日長外厚重而內忠信又能擇交而善補過此則君子爲學之實功也

曾子曰愼終追遠民德歸厚矣

節釋曰死者人之終也遠者其歲月久也敬以持之之謂愼思以及之之謂追於其終者而謹之於其遠者而追之此民德所以歸於厚也伊川程子曰喪盡禮祭盡誠謹終追遠之大者東坡蘇氏曰略於喪祭則背死忘生者衆而俗薄矣

子禽問於子貢曰夫子至於是邦也必聞其政

求之與抑與之與子貢曰夫子温良恭儉讓以得之夫子之求之也其諸異乎人之求之與三之與之與字並平聲餘上聲

集曰子禽姓陳名亢字子禽子貢姓端木名賜字子貢皆孔子弟子鄭氏註抑反語辭與其諸皆語辭温和厚也良易直也恭莊肅也儉節制也讓謙遜也五者夫子之盛德光輝接於人者也夫子所至之邦必與聞其國之政子禽疑而問之子貢謂夫子求於時君而得之與抑時君自與之與子

貢言夫子之德容如是故時君敬信自以政就而問之非若他人求而得之也其曰夫子之求之也其諸異乎人之求之與姑借夫求字以明夫子之本不求爾本伊川程子晦庵朱氏説南軒張氏曰時君見聖人之儀刑而樂問以政者秉彝好德之良心也卒不能以政授之者則以夫私欲害之也

子曰父在觀其志父没觀其行三年無改於父之道可謂孝矣行去聲

節釋曰志謂心之所尚也行謂行事之實也父在子不得而自爲故以觀志言父没

子可得而自爲故以觀行言若謂父没之後可得自爲而於父之道率意以改之則未免有死其親之心矣是豈得爲孝乎三年云者此即居喪時言也知三年無改之可謂孝則終身之無改者其爲孝可知矣

此章言父之道則在所不當改爾如其非道亦在乎改之而已矣

有子曰禮之用和爲貴先王之道斯爲美小大由之有所不行知和而和不以禮節之亦不可行也

集曰禮者天理之節文人事之儀則也晦庵

朱氏勉齋黃氏曰仁曰心之德禮曰天理之節文義曰心之制此言其體也仁曰愛之理禮曰人事之儀則義曰事之宜此言其用也節謂此章專論
禮之用禮之體雖近於嚴而其用則貴於
和和者順乎自然而無勉強矯拂之謂也
故先王之道以斯爲美而小大之事由之
謂其無不可行也然復有所不行者徒知
和之可貴而一於和不能以禮節之則和
而失之於流所以亦不可行也蓋禮一於
嚴則病於拘而不可行一於和則病於肆
而亦不可行唯嚴而和和而節不失禮之

全體斯可行而無弊矣以禮節之一語不無小病讀者詳之

有子曰信近於義言可復也恭近於禮遠恥辱也因不失其親亦可宗也近上聲遠去聲

集曰信約信也義者事之宜也復踐言也恭致敬也禮節文也晦庵朱氏節謂言固欲其信然不度其事之宜則言有不可復者矣行固欲其恭然或失乎禮之節則適足以召恥辱矣惟信能近義而後言可復恭能近禮而後遠恥辱也義者所以全其信也禮者所以成其恭也因者承上文而言親

猶近也亦者未深許之辭夫人之行事能盡合於禮義者上也因恭信而不失其親近於禮義焉則亦可宗尚矣伊川程子曰因其近禮義而不失其親亦可宗也況於盡禮義者乎

子曰君子食無求飽居無求安敏於事而慎於言就有道而正焉可謂好學也已好去聲

節釋曰食飲食也居居處也敏速也謂汲汲也慎言謂言謹而不放也就從也道者事物當然之理人之所共由者也有道謂能盡此理也正者正吾之偏也食欲飽居

欲安人之情也有志於學者則不以口體爲念也行常病於不足敏於事者能勉其所不足也言常病於有餘謹於言者不盡其所有餘也然猶未敢自以爲是必就有道之人而正焉斯可謂之好學也已藍田呂氏曰不志於奉養學所以專不苟於言行學所以實所趨不謬於道學所以正學至於此可謂好矣

子貢曰貧而無諂富而無驕何如子曰可也未若貧而樂富而好禮者也子貢曰詩云如切如磋如琢如磨其斯之謂與子曰賜也始可與言

詩已矣告諸往而知來者（樂音洛好去聲磋七多切謂與之與平聲）集曰諂卑屈也驕矜肆也可也者言僅可而未盡善也未若云者言未及乎此也往者所已言也來者所未言也貧者不足故易諂富者有餘故易驕常人溺於貧富之中固有二者之病無諂無驕則無所溺而能自守矣然猶未知貧富之爲外物也樂則心廣體胖而忘其貧好禮則安處善樂循理而不自知其富此則超乎貧富之外也如切如磋如琢如磨此衛風淇澳之詩

也言治骨角者旣切之復磋之治玉石者旣琢之復磨之治之之工不已而益精也子貢自以無諂無驕爲至矣及聞夫子之言又知義理無窮學之不可以遽已因引切磋琢磨之詩以明之也〔本晦庵朱氏說　南軒張氏曰安於無諂無驕而不知進學因不足貴而所謂無諂無驕者學者亦非可忽也居貧而有一毫求之之意居富而有一毫自恃之心皆諂與驕也此病未除而遽曰能樂與好禮未之見也必無諂無驕而後樂與好禮可得而進焉〕節謂無諂無驕之末若樂與好禮此夫子之告往者也因未若樂與好禮之言而悟切磋琢磨

之旨此子貢之知來者也子貢之可與言詩者以此

子曰不患人之不已知患不知人也

集曰患猶病也君子求在我者也故不患人之不已知苟不知人則是非邪正莫之能辨故以爲患也河南尹氏節謂人不知己於己無損己不知人則有損無益矣

爲政第二九二十四章

子曰爲政以德譬如北辰居其所而衆星共之共音拱

集曰政之爲言正也所以正夫人也德之爲言得也先得夫人心同然之理而不失者也譬喻也北辰北極天之樞也居其所不動也共向也言爲政以德則不動而化人心歸之亦猶北辰居其所衆星環而共之也本晦庵朱氏說

子曰詩三百一言以蔽之曰思無邪

集曰詩三百十一篇言三百者擧大數也蔽猶蓋也晦庵朱氏節謂三百篇之詩雖有美刺之不同然皆出乎情性之正也夫子以

思無邪一言而盡蓋三百篇之旨可謂深
探詩人之心矣
子曰道之以政齊之以刑民免而無恥道之以
德齊之以禮有恥且格道去聲
集曰道猶引導謂先之也政謂法制禁令
也齊一之也免苟免於罪也恥愧恥也德
謂人心固有之善禮謂制度品節也本晦庵朱
氏說節謂格正也道之以政矣而又有刑以
齊之則民有所畏而不敢爲惡非有所恥
而自不爲惡也道之以德矣而又有禮以

齊之則民不但恥爲不善且能以善而正其身矣朱氏曰政者爲治之具刑者輔治之法德禮則出治之本而德又禮之本也此其相爲本末雖不可以偏廢然刑政能使民遠罪而已德禮之效則有以使民日遷善而不自知故治民者不可徒恃其末而當深探其本也

子曰吾十有五而志于學三十而立四十而不惑五十而知天命六十而耳順七十而從心所欲不踰矩

集曰古者十五入大學此所謂學即大學之道也心之所之謂之志立者卓然有所立也不惑者見之之明而無所疑也天道

流行賦與萬物莫非至善無妄之理是所謂天命也窮理盡性所以知天命也耳順者聲入心通也從隨也踰越也矩法度之器所以爲方者也從心所欲不踰矩謂隨其心之所欲而自不越於法度也朱氏晦庵本節

謂自十有五而志于學則念念在此而爲之不厭矣既學矣加以十五年持守之功則其學之所至卓然而能有所立矣既立矣加以十年探索之功則所見明徹無所滯礙而事事物物之理莫不洞然於胸

中矣又十年則理無不窮性無不盡而知天之所命者矣此則知之至也又十年則聲入于耳心無不通所謂不思而得者也又十年則心與理一動皆天則所謂不勉而中者也學而至此此聖人之德所以爲至也節謂聖人固天縱之聖而亦未嘗不學其終身進德之功皆自十五志學以來必十五年十年而一進者非姑爲是辭也亦其學力所到至是可以自信爾反覆玩味此章則知聖人之爲學不終其身不詣其極不止也學者苟能深體而篤行之優游涵泳不躐等而進日就月將不半途而畫庶乎其得之矣

孟懿子問孝子曰無違樊遲御子告之曰孟孫

問孝於我我對曰無違樊遲曰何謂也子曰生事之以禮死葬之以禮祭之以禮

集曰孟懿子魯大夫仲孫氏名何忌懿謚也樊遲姓樊名須字子遲孔子弟子無違無違於禮也御爲孔子御車也註疏生事葬祭事親之禮始終具矣人之事親自始至終一遵於禮而不苟此所謂無違也孔子答孟懿子之問以是懿子不能復問恐其或以從親之令爲孝故語樊遲以發之是時三家僭禮亦因以警之也然語意渾然

又若不專爲三家而發晦庵朱氏致堂胡氏曰人之欲孝其親心雖無窮而分則有限得爲而不爲與不得爲而爲之均於不孝所謂以禮者爲其所得爲者而已矣

孟武伯問孝子曰父母唯其疾之憂

集曰孟武伯懿子之子仲孫彘武謚也疾病也註馬氏父母愛子之心無所不至惟恐其疾病常以爲憂也人子體此而以父母之心爲心則凡所以守其身者自不容於不謹矣豈不可爲孝乎晦庵朱氏

子游問孝子曰今之孝者是謂能養至於犬馬

皆能有養不敬何以別乎（養去聲 別彼列切）

集曰子游姓言名偃字子游孔子弟子（孔氏）

註 養謂飲食供奉也犬馬待人而食亦若養然世俗事親能養足矣若能養其親而敬不至則與養犬馬者何異言何以別所以深明事親之不可不敬也養而能敬斯爲孝矣（本晦庵朱氏致堂胡氏說）

子夏問孝子曰色難有事弟子服其勞有酒食先生饌曾是以爲孝乎（食音嗣 饌七戀切）

集曰食飯也先生父兄也饌飲食之也曾

猶則也色禮記所謂愉色婉容者是矣蓋非愛敬之至和順積中則形於外者不能常然也故事親之際惟色爲難爾勞事則代長者酒食則先長者此所謂養口體也未足以爲孝馬氏註南軒張氏成都范氏

子曰吾與回言終日不違如愚退而省其私亦足以發回也不愚省息井切

集曰回姓顏名回字子淵孔子弟子孔氏註不違者意不相背有聽受而無問難也私謂燕居之時發謂發明所言之理也晦庵朱氏

顏子以上知之資故聞夫子之言心通默識不復問辨若愚而無所知者及侍坐而退夫子察其燕私而其視聽言動皆能以聖人所教隨用發明則是顏子本不愚也（本致堂胡氏說）

子曰視其所以觀其所由察其所安人焉廋哉人焉廋哉（焉於虔切廋所留切）

集曰以爲也所爲之事也由從也所從之道也安止也心之所止也察其所安者驗之以久也焉何也廋匿也（本伊川程子說孔氏註節）

謂行事有善惡處心有誠僞而道有君子小人一事之或善未足以見其人也抑未知其所從之道果君子耶所爲者善矣而所從者或非君子之道則亦偶中於善爾所從之道果君子矣又未知其心能久而安之否耶至於久而安之則誠而非僞也其爲君子也信矣觀審於視察又詳於觀參而驗之則人之善惡不逃乎我之所見矣

子曰温故而知新可以爲師矣

集曰時習之謂温邢氏疏節謂故者所已得也新者所未得也惟能無忘其所已得而又有得於其所未得者焉則爲學之功進進而不已矣夫如是而所學在我其應不窮故曰可以爲人師

子曰君子不器

集曰器者物象之名邢氏疏謂之器則拘於一物各適其用而不能相通成德之士體無不具用無不周非特爲一才一藝而已本晦庵朱氏説

子貢問君子子曰先行其言而後從之

節釋曰先行者行之於未言之前其言而後從之者言之於既行之後成都范氏謂子貢之患非言之艱而行之艱故告之以此也

子曰君子周而不比小人比而不周比毗至切

集曰周普徧也比偏黨也晦菴朱氏又曰周比皆與人親厚之意但周公而比私爾君子內恕以及人其於親踈遠近賢愚處之無不得其分蓋其心無不溥焉所謂周也若小人則有所偏係而

失其正其所親暱皆私情耳所謂比也周則不比比則不周天理人欲不並立也本南軒張氏說

又曰論語一書載君子小人之行事多矣聖人每對舉而互言之其判然若黑白者是固不難辨也然至於周比和同泰驕之屬雖近似而實相反乃其隱微而難察者聖人指以示學者欲其知君子小人之所以分特在乎毫釐之間耳本晦庵朱氏說

子曰學而不思則罔思而不學則殆

集曰罔無知也殆危也註疏思者研窮其理之所以然也南軒張氏節謂徒學而不思則莫知所發明吾心之於理且無所得矣故曰罔徒思而不學則莫知所依據吾心之於理且無所安矣故曰殆學與思相爲表裏要不可以偏廢也楊子曰學以聚之思以精之

子曰攻乎異端斯害也已

集曰攻者攻擊之攻[redacted]林氏溺於偏識暗於正理皆所謂異端上蔡謝氏節謂君子在明吾

道而已矣吾道既明則異端自熄不此之
務而徒與之角斯爲吾之害也已
子曰由誨女知之乎知之爲知之不知爲不知
是知也女音汝
集曰由姓仲名由字子路孔子弟子誨猶
教也孔氏註子路好勇蓋有強其所不知以
爲知者故夫子告之曰我教女以知之之
道乎但所知者則以爲知所不知者則以
爲不知如此則雖或不能盡知而無自欺
之蔽況由此而求之則其不知者亦終將

知之矣故曰是知也言是乃知之道也若強以不知爲知則是終身不知而已晦庵朱氏

南軒張氏

子張學干祿子曰多聞闕疑愼言其餘則寡尤多見闕殆愼行其餘則寡悔言寡尤行寡悔祿在其中矣行寡之行去聲

集曰子張姓顓孫名師字子張孔子弟子干求也鄭氏註祿仕者之奉也晦庵朱氏疑者所未信殆者所未安藍田呂氏尤罪自外至者也悔理自內出者也伊川程子曰歸罪爲尤橫渠張子罪己爲悔

人之處己接物莫大於言行而聞見者所以爲言行之資也然聞見之不多則孤陋單淺而無所參驗疑殆之不闕則冒昧苟且而無所據依聞見多矣疑殆闕矣顧於其餘遂以爲已信已安而無事於謹則言行之間或有所戾而尤悔之積有不能免者矣夫自多聞見而闕疑殆而又愼言愼行其餘焉多聞見者學之博也闕疑殆者擇之精也謹言行者守之約也此則寡悔尤之道也君子脩其在我而已豈以是爲

干祿之具哉然言行純至而祿自從之言在其中矣本爲此而反得彼之辭也子張學干祿故夫子告之以求諸己也或疑如此亦有不得祿者夫子蓋曰耕也餒在其中矣惟理可爲者爲之而已矣（本朱氏南軒張氏說）

哀公問曰何爲則民服孔子對曰舉直錯諸枉則民服舉枉錯諸直則民不服

集曰哀公魯君名蔣哀謚也（包氏註）舉謂舉而用之也錯捨置也諸衆也枉不直也（晦菴）

（朱氏）節謂哀公何爲則民服之問孔子告之

以民心之從違特視上之舉錯何如耳好直而惡枉人心之正也舉錯當乎人心則民服矣舉錯不當乎人心則民何自而服哉

季康子問使民敬忠以勸如之何子曰臨之以莊則敬孝慈則忠舉善而教不能則勸

集曰康子魯大夫季孫氏名肥康謚也孔氏

註勸有奬勵意自上涖下曰臨莊謂容貌端嚴慈猶愛也莊以涖之則民敬於己龜山

楊氏曰有戲慢之色則人易之孝慈以先之則民忠於己

節謂老吾老以及人之老幼吾幼以及人之幼能舉孝慈之心加諸彼使斯民仰以事父母俯以育妻子其有不忠於上者乎善者舉之而不能者教之則民有所勸而樂於爲善此皆在我所當爲非爲欲使民敬忠以勸而爲之也然能如是則其應蓋有不期而然者矣本晦庵朱氏南軒張氏說

或謂孔子曰子奚不爲政子曰書云孝乎惟孝友于兄弟施於有政是亦爲政奚其爲爲政

集曰奚何也邢氏疏周書君陳篇曰惟孝友下兄弟克施有政書云孝乎者言書之言

孝如此也善兄弟曰友孝於親必能友于兄弟也孝友篤於家則其施於有政亦是理而已孔子引書之辭言是乃爲政之道何必居位始爲爲政乎定公初年孔子不仕或人疑其不爲政故孔子以此告之本晦菴朱氏南軒張氏説

子曰人而無信不知其可也大車無輗小車無軏其何以行之哉輗五兮切軏音月

集曰大車謂平地任載之車輗轅端橫木縛軛以駕牛者小車謂田車兵車乘車軏

轅端上曲鈎衡以駕馬者邢氏疏輗軏車待以行者也河東侯氏車無輗軏則無以引重而至遠人而無信其不可行亦猶是也龜山楊氏

子張問十世可知也子曰殷因於夏禮所損益可知也周因於殷禮所損益可知也其或繼周者雖百世可知也

集曰王者易姓受命爲一世因仍也損者損其太過也益者益其不及也繼紹也禮之大體三代相繼皆因之而不能變其所損益不過文章制度小過不及之間馬氏曰所

因謂三綱五常所損益謂文質三統而其已然之迹今皆可見即往推來由今而後或有繼周而王者雖百世之遠所因所革亦不過此豈但十世而已乎本晦菴朱氏說致堂胡氏曰子張之問蓋欲知來而聖人言其既往者以明之也

子曰非其鬼而祭之諂也見義不爲無勇也

集曰諂求媚也勇剛決也鬼非所當祭而祭之則是諂而徼福也龜山楊氏曰非其親報本皆祭非其鬼也見義所當爲而不爲則是勇之不足也晦菴朱氏白石錢氏

論語集說卷第一

論語集說卷第二

永嘉蔡節編

八佾第三（凡二十六章）

孔子謂季氏八佾舞於庭是可忍也孰不可忍也（佾音逸）

集曰季氏魯大夫季孫氏也（邢氏曰季桓子也）佾舞列也天子八諸侯六大夫四士二每佾人數如其佾數（或曰每佾八人未詳孰是）季氏以大夫而僭用天子之樂孔子言其此事尚忍爲之則何事不可忍爲也（晦菴朱氏上蔡謝氏曰君子於其

所不當爲不敢須臾處不忍故也而季氏忍此矣則雖弑父與君亦何所憚而不忍爲乎南軒張氏曰亂臣賊子之萌皆由於忍而已忍則安之矣

三家者以雍徹子曰相維辟公天子穆穆奚取於三家之堂徹直列切相去聲辟必益切

集曰三家魯大夫孟孫叔孫季孫也雍周頌篇名徹祭畢而收其俎也相助也維辭也辟公諸侯也穆穆和敬之容也奚何也相維辟公天子穆穆此雍詩之辭邢氏疏節謂天子祭於宗廟諸侯入而助祭故歌是詩以徹所以紀實也今三家大夫也僭而

用之無其事而歌其詩故曰奚取於三家之堂

又曰周公之功固大矣皆臣子之分所當爲魯安得獨用天子禮樂哉成王之賜伯禽之受皆非也其因襲之弊遂使季氏僭八佾三家僣雍徹故仲尼譏之

伊川程子

子曰人而不仁如禮何人而不仁如樂何

集曰此聖人使人知禮樂之原也仁人心也人而不仁則人心亡矣雖欲爲禮樂其

如禮樂何是心存而後敬與和生焉禮樂之所由興也南軒張氏

林放問禮之本子曰大哉問禮與其奢也寧儉喪與其易也寧戚放上聲易去聲

集曰林放魯人鄭氏註奢汰侈也儉約省也易治也孟子曰易其田疇在喪禮則文爲習熟而無哀痛慘怛之實者也戚哀戚也禮無本不立無文不行是雖不可以本而廢文然文之勝則又反失其本矣周衰世方惟文之徇而林放獨能問禮之本故夫子大之

而告之以此奢易則失中而過於文儉戚雖亦未得中而儉則物之質戚則心之誠也以是推之而禮之本可識矣言禮而又言喪使之深體其本也（本晦庵朱氏南軒張氏說）

子曰夷狄之有君不如諸夏之亡也（亡古無字通用）

集曰諸夏中國也亡無也（包氏註）夷狄之有君不如諸夏之亡言其僭亂無上下之分也

季氏旅於泰山子謂冉有曰女弗能救與對曰不能子曰嗚呼曾謂泰山不如林放乎（女音汝與平聲）

集曰冉有姓冉名求字子有孔子弟子旅祭名泰山山名禮諸侯祭山川在其封内者泰山在魯封内故魯得祭之季氏祭之僭也疏註冉有時爲季氏宰救謂救其墮於僭竊之罪嗚呼嘆辭言林放猶能問禮之本泰山豈受非禮之祭乎欲季氏知其無益而自止又進林放以厲冉有也本晦菴朱氏河東侯氏說成都范氏曰冉有從季氏夫子豈不知其不可告也然而聖人不輕絶人盡已之心安知冉有之不能救季氏之不可諫也旣不能正則美林放以明泰山之不可誣是亦教誨之道也

子曰君子無所爭必也射乎揖讓而升下而飲其爭也君子飲去聲

集曰君子恭敬退遜不與人爭至於射則皆欲中鵠以取勝也然大射之儀耦進三揖而後升堂射畢又揖而降勝者袒決遂執張弓不勝者襲說音脫決拾郤左手右加弛弓於其上遂以執弣揖如始升射及階勝者先升升堂少右不勝者進北面坐取豐上之觶觶之豉切興少退立卒觶進坐奠於豐下興揖先降其雍容謙遜乃如是是則

雖曰有爭而其爭也亦不失爲君子之道矣晦庵朱氏藍田呂氏曰古之射禮勝者飲不勝者之爭爭於辭爵不勝者之爭爭於自下故揖遜而升相爲讓而已下而飲非謂下堂止謂自貶下而自飲執弛弓說決拾皆自貶下之義

子夏問曰巧笑倩兮美目盼兮素以爲絢兮何謂也子曰繪事後素曰禮後乎子曰起予者商也始可與言詩已矣倩七練切盼普莧切絢呼縣切繪胡對切

集曰上三句逸詩也倩好口輔也盼目黑白分也素粉地畫之質也絢采色畫之飾也繪事繪畫之事也後素後於素也起猶

發也起予言能起發我之志意也倩盼蓋婦人之有美質者言有此美質又加以文飾亦猶繪畫者因素地而施以采色也子夏疑其以素爲飾故問之繪事後素言繪畫之事後素功也禮後乎言禮以忠信爲質必忠信之人而後可以學禮也子曰繪事後素而子夏曰禮後乎可謂善於發明聖人言外之意矣商之可與言詩者以此本晦庵朱氏說

又曰子貢因論學而知詩子夏因論詩

而知學故皆可與言詩（上蔡謝氏）

子曰夏禮吾能言之杞不足徵也殷禮吾能言之宋不足徵也文獻不足故也足則吾能徵之矣

集曰杞宋二國名杞夏之後宋殷之後徵證也文典籍也獻謂故老之賢者也言二代之禮我能言之而二國不足取以爲證以其文獻不足故也文獻若足則我能取之以證吾言矣（本晦庵朱氏說）

子曰禘自既灌而往者吾不欲觀之矣（禘大計切）

集曰趙伯循曰禘王者之大祭也王者旣立始祖之廟又推始祖所自出之帝祀之於始祖之廟而以始祖配之也朱氏曰先儒以禘爲合祭於太廟上及其祖之所自出而下及毀廟未毀廟之主祫則合祭於太廟而不及祖之所自出也惟趙伯循引曾子問春秋傳以明祫之爲合如諸儒之說禘則直祭其祖之所自出而以其祖配之但設兩位而不兼羣廟之主爲其尊遠不敢褻也此說最爲得之　西山眞氏曰萬物本乎天人本乎祖吾身出於父父出於祖祖出於始祖始祖出於厥初受命之祖推始祖之所自出而祭之則報本反始之義盡矣

成王以周公有大勳勞賜魯重祭故得禘於周公之廟以文王爲所出之帝而周公

配之然非禮矣灌者方祭之始用鬱鬯之酒灌地以降神也朱氏曰禮家以爲釀秬爲酒煮鬱金香草和之其氣芬芳而條暢也自灌而往孔子不欲觀者蓋以魯祭非禮矣至此而君臣之間誠意懈怠於失禮之中又失禮焉故發爲此歎云本晦庵朱氏說

又曰夫子嘗曰我欲觀夏道是故之杞而不足證也我欲觀商道是故之宋而不足證也又曰我觀周道幽厲傷之吾舍魯何適矣魯之郊禘非禮也周公其

衰矣考之杞宋已如彼考之於魯又如此孔子所以深歎也上蔡謝氏

或問禘之說子曰不知也知其說者之於天下也其如示諸斯乎指其掌

集曰禮不王則不禘魯之有禘非禮也孔子爲魯諱故以不知答之然又謂知其說者其於治天下若指掌之易明蓋亦曰名分正則天下有不難治者矣示與視同指其掌弟子記夫子言此而自指其掌也本伊川程子說

祭如在祭神如神在子曰吾不與祭如不祭與去聲

集曰祭如在祭神如神在此門人記夫子祭祀之誠意吾不與祭如不祭此乃記夫子之言以明上文之意祭如在者凡祭未嘗不致其如在之誠所謂祭神則如神在也夫祭以誠爲主至若有故使人攝事不獲親與其祭焉則其心闕然直若未嘗祭爾晦庵朱氏勉齋黃氏槃山黃氏成都范氏曰君子之祭七日戒三日齋必見所祭者誠之至也故郊則天神格廟則人鬼享皆由已以致之有其誠則有其神無

其誠則無其神可不謹乎吾不與祭如不祭誠爲實物爲虛也

王孫賈問曰與其媚於奧寧媚於竈何謂也子曰不然獲罪於天無所禱也

集曰王孫賈衛大夫媚親順也室西南隅爲奧奧室神之主也竈者五祀之一禱者祈福於神也時俗之語以奧雖有常尊而非祭之主竈則當時用事九祭五祀皆先設主而祭於其所然後迎尸而祭於奧如祀竈則設主於竈陘祭畢而更設饌於奧以迎尸也喻自結於君不如阿附權臣也賈衛之權臣故以此諷夫子夫子以獲罪於天無所禱

也答之蓋天即理也逆理則獲罪於天矣豈媚於奥竈所能禱而免乎言非特不當媚於竈亦不可媚於奥也成都范氏晦庵朱氏藍田吕氏曰奥以况人君竈以况執政當時諸國皆執政用事王孫賈所以勸孔子者猶彌子云孔子主我衛卿可得之意也

子曰周監於二代郁郁乎文哉吾從周監居陷切郁於六切

集曰監視也二代夏商也郁郁文盛貌晦庵朱氏言周監二代酌其宜而損益之其文不可有加矣故聖人欲從周然使聖人居制

作之位大體則從周若其間損益之宜如行夏時乘殷輅則有之矣南軒張氏

子入大廟每事問或曰孰謂鄹人之子知禮乎入大廟每事問子聞之曰是禮也大音泰鄹側留切

集曰大廟魯周公廟孰誰也鄹魯邑孔子父叔梁紇嘗爲鄹邑大夫故謂孔子爲鄹人之子也邢氏疏節謂孔子於禮固無不知然初仕魯時入大廟而助祭其於名物之辨雖已知之而或未之見也故問之至若行禮之際亦必問而後從事皆所以敬其

事也或人以爲不知禮孔子故曰是禮也

子曰射不主皮爲力不同科古之道也爲去聲

集曰射不主皮鄉射禮文爲力不同科孔子解禮之意如此也皮革也布侯而棲革於其中以爲的所謂鵠也科等也古者射以觀德但主於中而不主於貫革蓋以人力有彊弱不同等也周衰禮廢復尚貫革非古之道矣故夫子嘆之本晦菴朱氏説

子貢欲去告朔之餼羊子曰賜也爾愛其羊我愛其禮去起呂切告古篤切餼許氣切

集曰告告居號切也朔月一日也牲生曰餼愛猶惜也古者天子常以季冬頒來歲十二月之朔于諸侯諸侯受而藏之祖廟月朔則以特羊告廟請而行之蓋稟命於君親禮之大者也魯自文公始不視朔而有司猶供此羊子貢以告朔之禮廢而餼羊徒存故欲去之孔子以爲羊存則後之人猶有能因羊以求禮者是則羊雖虛器固禮之所寓也苟去之則禮因而亡矣賜也知愛一羊而不知禮之存爲可愛也故曰

爾愛其羊我愛其禮本晦庵朱氏南軒張氏說

子曰事君盡禮人以爲諂也

集曰孔子於事君之禮非有所加也如是而後盡爾時人不能反以爲諂故孔子言之以明禮之當然也櫟山黃氏

定公問君使臣臣事君如之何孔子對曰君使臣以禮臣事君以忠

集曰定公魯君名宋定謚也邢氏疏使臣以禮事君以忠是乃君臣之道當然各欲自盡而已本晦庵朱氏說

子曰關雎樂而不淫哀而不傷樂音洛

集曰關雎詩國風周南首篇名邢氏疏淫者樂之過也傷者哀之過也關雎之詩言后妃之德宜配君子求之未得則不能無寤寐反側之憂求而得之則宜其有琴瑟鍾鼓之樂蓋其樂雖盛而不至於淫其憂雖深而不至於傷故夫子稱之如此欲學者玩其辭審其音而有以識其性情之正也

晦庵朱氏 南軒張氏曰哀樂情之爲也而其理具於性樂至於淫哀至於傷則是情之流而性之汩矣樂不淫哀不傷發不踰則性情之正也

哀公問社於宰我宰我對曰夏后氏以松殷人以栢周人以栗曰使民戰栗子聞之曰成事不說遂事不諫既往不咎

集曰宰我姓宰名予字子我孔子弟子戰栗恐懼貌成者事之已成者也遂者事之已行者也往者事之已往者也三代之社不同古者立社各樹其土之所宜木而以名其社周禮司徒設其社稷之遺而樹之田主各以其野之所宜木遂以名社與其野曰使民戰栗一句此曰字乃宰我臆度周人立社之本意言周人所以用栗者

蓋曰使民戰栗也意者宰我以古者戮人於社故附會其說與夫子以其不知而妄對又啓時君殺伐之心而其言之旣出不可追救故歷言事已成不可復說矣事已遂不可復諫矣事旣往不可復咎矣欲使之謹其後爾本邢氏疏晦庵朱氏說

子曰管仲之器小哉或曰管仲儉乎曰管氏有三歸官事不攝焉得儉然則管仲知禮乎曰邦君樹塞門管氏亦樹塞門邦君爲兩君之好有反坫管氏亦有反坫管氏而知禮孰不知禮焉

虔切好去聲坫丁念切

集曰管仲姓管名夷吾字仲齊大夫邪氏跡

器小者言其不知聖賢大學之道故局量

褊淺規模卑狹不能正身脩德以致主於

王道也上蔡謝氏曰孔子之意直以管仲爲不可大受也管仲相威公霸諸

侯一正天下民受其賜其功亦大矣然君淫亦淫君奢亦奢則其得君而行國政豈

直以天下爲心哉不過濟其一已之欲而已曾不知三歸官事不攝樹塞門與反坫

於汝何加焉其可鄙賤猶見女子得意於衣服飡袞之間謂之小器不亦宜乎東

坡蘇氏曰自脩身正家以及於國則其本深其及者遠是爲大器揚雄所謂大器其猶

規矩準繩先自治而後治人者是也龜山楊氏曰夫子稱管仲之功而小其器。蓋管仲相威公雖能合諸侯正天下不過霸業之盛而已非若王者之佐其規模宏遠也故管仲死威公薨五公子爭立而天下不復宗齊矣儉約也三歸臺名事見說苑攝兼也家臣不能具官一人常兼數事管仲不然皆言其侈邦君國君也屏謂之樹塞猶蔽也設屏於門以蔽內外也兩君兩國之君也好謂好會坫在兩楹之間獻酬飲畢則反爵於其上二者諸侯之禮而管仲僭之孔子譏管仲之器小其旨深矣或人不知而疑其儉故斥其奢以明其非儉或又疑其知禮故又斥其僭以

明其犯禮奢而犯禮皆器小易盈之意器大則無此矣孔子雖不明言小器之所以然而其所以小者亦可見矣晦庵朱氏

子語魯大師樂曰樂其可知也始作翕如也從之純如也皦如也繹如也以成語去聲大音泰從音縱皦吉了切

集曰語告也大師樂官名翕合也從放也純和也皦明也繹相續不絕也成樂之一終也以成言樂以之而成也五音六律不具不足以爲樂翕如言其合也五音合矣

清濁高下如五味之相濟而後和故曰純如合而和矣而又無相奪倫故曰皦如然豈宮自宮而商自商乎不相反而相連如貫珠可也故曰繹如也以成時音樂廢闕故孔子語之以此晦庵朱氏上蔡謝氏

儀封人請見曰君子之至於斯也吾未嘗不得見也從者見之出曰二三子何患於喪乎天下之無道也久矣天將以夫子爲木鐸請見見之之見賢遍切從喪並去聲

集曰儀衛邑封人掌封疆之官蓋賢而隱

於下位者也君子謂當時賢者也斯此地也封人自言賢者至此未嘗不得見之也從者弟子也見之謂通使得見也喪謂失位去國也木鐸金口木舌施政教時所振以警衆者也封人謂夫子之失位非所患也天下雖無道而文實在茲是天將以夫子爲木鐸使之振斯文以覺天下與來世其位雖喪而其道蓋不喪也封人一見夫子而遽以是稱之其得於觀感之間者深矣本註跡南軒張氏晦庵朱氏說節謂
當是之時莫有知聖人者封人乃能知

之其必有所見矣觀其言曰君子之至於斯也吾未嘗不得見也其求見君子之心如此其切蓋以天下之亂極矣意其必有聖人者出而明道救時故一見夫子而知天意之攸屬斯文之有所托也

子謂韶盡美矣又盡善也謂武盡美矣未盡善也

集曰韶武皆樂名韶舜樂武武王樂孔氏註美者聲容之盛善者美之實也古者功成作樂所以象成一代之治也舜以治而繼治武王易亂而爲治其功一也故其樂皆盡美然舜以揖遜武王以征誅而其實有

不同者夫征誅豈聖人所欲哉所遇之時然爾味成湯子有慙德之言此韶之所以爲盡善也本晦庵朱氏南軒張氏說上蔡謝氏曰揖遜之事天與之人與之征誅之義順乎天而應乎人也聖人豈有二心哉冬日則飲湯夏日則飲水所遇之時不同爾

子曰居上不寬爲禮不敬臨喪不哀吾何以觀之哉

集曰居上以寬爲本晦庵朱氏曰居上主於愛人故以寬爲本爲禮以敬爲本臨喪以哀爲本不如是則本不立矣吾何以觀之乎上蔡謝氏

里仁第四 凡二十六章

子曰里仁爲美擇不處仁焉得知 焉於虔切 知去聲

集曰五家爲鄰二十五家爲里擇猶卜宅也知是非之謂知所居之里以仁人爲美苟不擇仁人之里而處焉則失其是非之本心矣是焉得爲知乎 本晦庵朱氏說

子曰不仁者不可以久處約不可以長處樂仁者安仁知者利仁 樂音洛 知去聲

集曰久猶長也約窮約也不仁之人失其本心久處約則必濫長處樂則必淫矣仁

者則能安仁知者則能利仁安仁者其心純一而無適不然利仁者知仁之爲美勉而爲之者也成都范氏曰知其善而爲之曰利雖其淺深之不同然皆非外物所能易矣晦庵朱氏南軒張氏上蔡謝氏曰仁者心無內外遠近精粗之間非有所存而自不亡非有所理而自不亂如目視而耳聽手持而足行也知者見道不惑知夫仁之爲美利而行之也有所存斯不亡有所理斯不亂未能無意也安仁則一利仁則二

子曰唯仁者能好人能惡人好惡並去聲

集曰唯之爲言獨也晦庵朱氏好善而惡惡天下之同情然人每失其正者心有所繫而

不能自克也唯仁者無私心好惡一出於正所以能好惡人也（本建安游氏說）

子曰苟志於仁矣無惡也（惡如字）

集曰苟誠也（孔氏註）志者心之所之也其心誠在於仁則必無爲惡之事矣（晦庵朱氏）

子曰富與貴是人之所欲也不以其道得之不處也貧與賤是人之所惡也不以其道得之不去也君子去仁惡乎成名君子無終食之間違仁造次必於是顛沛必於是（所惡之惡去聲惡乎之惡平聲造七到切沛音貝）

集曰其道謂所以得富貴貧賤之道也富貴固人所欲然不以其道得之雖所欲不處貧賤固人所惡然不以其道得之雖所惡不去君子之審富貴而安貧賤也如此君子所以爲君子以其仁也若貪富貴而厭貧賤則是自離其仁而無君子之實矣何所成其名乎終食者一飯之頃造次急遽苟且之時顛沛傾覆流離之際朱氏曰終食猶是無事之時造次則異於間暇顛沛則又異於造次矣 求嘉何氏曰無終食違仁造次必於是顛沛必於是此極言仁之不可離也君子無時無處

之或違乎仁不但富貴貧賤取舍之間而
已也本晦菴朱氏說
子曰我未見好仁者惡不仁者好仁者無以尚
之惡不仁者其爲仁矣不使不仁者加乎其身
有能一日用其力於仁矣乎我未見力不足者
蓋有之矣我未之見也好惡並去聲

集曰夫子自言未見好仁者惡不仁者好
仁者眞知夫仁之可好而其好不能移也
故曰無以尚之其次則惡不仁惡不仁者
則其所以爲仁必能絶去不仁之事不使

有及於其身蓋知惡之則知遠之也此皆篤志於爲仁者故難得而見之於仁矣乎之乎疑辭本晦庵朱氏南軒張氏說言好仁惡不仁者雖不可見然或有一日之間果能用力於仁我未見其力有不足者爲仁由己欲之則在志之所至氣必至焉亦奚病於力不足哉蓋有之矣謂亦有用力於仁者但我偶未之見爾南軒張氏曰既曰有能一日用其力於仁矣乎我未見力不足者又曰蓋有之矣我未之見也反覆抑揚所以望

天下與勉學者之意可謂弘大而深切矣

子曰人之過也各於其黨觀過斯知仁矣

節釋曰黨謂黨於人也言人之過也各於其所黨處見之大抵仁者之過近於厚而已觀其所謂過斯知其所謂仁矣劉侍讀曰周公使管叔監殷而管叔以殷畔魯昭公不知禮而孔子以爲知禮是過也然管叔兄也昭公君也是乃所以爲仁也

子曰朝聞道夕死可矣朝陟遙切

集曰道者人所當行之理聞道者實有得

於此理也此言人不可以不知道苟得聞道則生順死安無復遺恨矣雖朝聞夕死可也本伊川程子晦庵朱氏說

子曰士志於道而恥惡衣惡食者未足與議也

集曰士學者之稱惡麤惡也議謂議道也心欲求道而以口體之奉不若人爲恥則心役乎外而無得於内矣何足與議哉本晦庵朱氏說

子曰君子之於天下也無適也無莫也義之與比適丁歷切比必二切

集曰適可也莫不可也比親也上蔡謝氏節謂君子非有心於可也義之所可則可之非有心於不可也義之所不可則不可之其於天下惟義之親而已曷嘗有適莫於其間乎

子曰君子懷德小人懷土君子懷刑小人懷惠

節釋曰懷者思念也君子樂善故其所思則以躬行爲事也小人苟安其思在於田里而已君子惡不善故其所思則以法律自繩也小人務得其思在於惠利而已此

言君子小人之志趣殊也

子曰放於利而行多怨放上聲

集曰放依也多怨謂多取怨也欲利於己必害於人依利而行所以多怨也孔氏註伊川程子景迂晁氏曰依於義而行則此既宜之彼亦宜之故無所怨依於利而行則專利於此貽害於彼不勝怨也

子曰能以禮讓爲國乎何有不能以禮讓爲國如禮何晦菴朱氏曰此當分爲三句中句至國字爲絶

集曰讓者禮之實也朱氏何有者言不難也如禮何者言不能用禮也孔氏註節謂能以

禮之實爲國則其爲國也不難若不能以禮之實爲國且不能用禮矣而況於爲國乎朱氏曰禮之繁文末節當世所尚至於辭遜之心乃禮意之實而人則鮮能之故夫子云爾

子曰不患無位患所以立不患莫已知求爲可知也

集曰位爵位也立者所以立乎其位者也可知者實之在已者也君子求其在已者而已患身無所立不患無位以行之求爲可知之實不患人之不已知也本伊川程子說

子曰參乎吾道一以貫之曾子曰唯子出門人問曰何謂也曾子曰夫子之道忠恕而已矣（參所金切唯上聲）

集曰參乎者呼曾子之名而告之也貫通也唯者應之速而無疑也（晦庵朱氏節）謂夫子所云吾道一以貫之者聖人之心渾然一理無所不該其於應事接物之際雖曰理各有所止然而衆理本一理也以曾子自得之深故告之以此曾子心領神會而直應之曰唯至答門人之問則即忠恕以明

之蓋自其盡己之心而言之則謂之忠自
其即己之心以及物而言之則謂之恕忠
爲體恕爲用用之周乎物即是體之流行
者也此所謂一以貫之也其曰夫子之道
忠恕而已矣者捨忠恕之外他無足以發
明一貫之旨也

子曰君子喻於義小人喻於利
集曰喻謂深曉其趣也義者天理之所宜
利者人情之所欲義與利之喻君子小人
所以別也本晦庵朱氏說

子曰見賢思齊焉見不賢而內自省也（省悉井切）

集曰思齊者兾己亦有是善內自省者恐己亦有是惡（晦庵朱氏節）謂人之善惡雖不同無不因之以反諸己者自脩之道當如此也

子曰事父母幾諫見志不從又敬不違勞而不怨（幾平聲）

（節）釋曰幾微也事父母幾諫言父母有過人子之進言貴於婉也見志不從又敬不違言人子於親之未從當加誠敬而不違

其幾諫之初心也勞而不怨言不倦於諫用力雖勞而又不敢怨也所以如此者終期納親於善而後巳

子曰父母在不遠遊遊必有方

集曰遊去其家而他之也方謂東西南北之方也子於父母形體雖異而心則相屬不遠遊者不遠去其親也遊必有方者慮其親之求己也以己之心體父母之心斯可謂孝矣白石錢氏

子曰三年無改於父之道可謂孝矣

集曰巳見首篇此蓋複出而逸其半矣致堂胡氏

子曰父母之年不可不知也一則以喜一則以懼

節釋曰知猶記憶也懼恐怖也人未有不知其親之年者曰不可不知欲其加察也蓋壽考固可喜而衰老亦可懼人子愛日之心自有不可忘者矣

子曰古者言之不出恥躬之不逮也

集曰言古者以見今之不然躬謂躬行逮

及也行不及言可恥之甚古者所以不出其言爲此故也（晦菴朱氏成都范氏曰君子之於言也不得已而後出之非言之難而行之難也人惟其不行也是以輕言之行之如其所言則出諸口必不易矣）

子曰以約失之者鮮矣（鮮上聲）

集曰不侈然以自放之謂約凡事能約則其失鮮矣（本上蔡謝氏說）

子曰君子欲訥於言而敏於行（行去聲）

集曰訥遲鈍也（包氏註）放言易故欲訥力行難故欲敏（上蔡謝氏）

子曰德不孤必有鄰

集曰孤猶獨也鄰猶親也德不孤立必以類應故有德者必有其類從之如居之有鄰也晦庵朱氏

子游曰事君數斯辱矣朋友數斯疏矣數色角切疏平聲

集曰數煩數也伊川程子辱恥也疏遠也君臣朋友皆以義合者也爲臣者君有過則當力諫諫之不從則當去爲友者人有過則當忠告告之不可則當止若或至於煩數

則言者輕而聽者厭能無取辱而取疏乎致堂胡氏説

論語集説卷第二

論語集説卷第三

永嘉蔡節編

公冶長第五 凡二十八章

子謂公冶長可妻也雖在縲絏之中非其罪也以其子妻之子謂南容邦有道不廢邦無道免於刑戮以其兄之子妻之 妻並去聲縲力追切絏息列切

集曰公冶長姓公冶名長南容名縚又名适氏南宮字子容謚敬叔皆孔子弟子妻爲之妻也縲黑索也絏攣也古者獄中以黑索拘攣罪人不廢言必見用也 註疏節謂

子謂公冶長可妻必其行之足取也雖嘗在縲絏之中而非其罪特無妄之災爾南容見用於治朝免禍於亂世亦其謹於言行者也上蔡謝氏曰國有道其言足以興所以不廢國無道其默足以容故免於刑戮故夫子皆有取焉

子謂子賤君子哉若人魯無君子者斯焉取斯焉於虔切

集曰子賤姓宓名不齊孔子弟子孔氏註斯此也上斯此人也下斯此德也子賤蓋能尊賢取友以成其德者夫子旣稱其爲君

子又言若魯無君子者則此人何所取以
成此德乎因以見魯之多賢也晦菴朱氏武夷吳氏曰說苑云子賤爲單父宰所父事者三人所兄事者五人所友者十一人
子貢問曰賜也何如子曰女器也曰何器也曰
瑚璉也女音汝瑚音胡璉力展切
集曰夏曰瑚商曰璉周曰簠簋皆宗廟盛
黍稷之器包氏註謂之器則固適於用然不
若不器之周也子貢雖未至於不器其亦
器之貴者與聖人之言抑揚高下所以獎
其已至而勉其未至也本南軒張氏河南尹氏說

或曰雍也仁而不佞子曰焉用佞禦人以口給屢憎於人不知其仁焉用佞（焉並於虔切）

集曰雍姓冉名雍字仲弓孔子弟子（馬氏註）佞口才也禦猶當也謂應答也給捷給也憎惡也仲弓重厚簡默或人之問美其優於德而病其短於才也時人以佞爲賢而不知佞與仁實相反夫子謂何所用佞乎佞人但以口辭捷給禦人而無誠實徒多爲人所憎惡爾不知其仁此言仲弓也仁道至大非全體而不息者不足以當之仲

弓雖賢未及乎此故曰不知也再曰焉用佞所以深曉或人無所事乎佞也學者而知夫子未許仲弓以仁則致知力行終吾身而後已可也（本晦庵朱氏說）

子使漆雕開仕對曰吾斯之未能信子說（說音悅）

集曰漆雕姓開名子若其字也孔子弟子仕仕於朝也（孔氏註）斯指此理而言信謂眞知其如此而無毫髮之疑也（晦庵朱氏）開之學他無所考夫子使之仕亦以其可施於有政也而開自謂斯未能信蓋一毫有不足

於中不敢以自許也其篤志之學爲如何哉故子說本南軒張氏說

子曰道不行乘桴浮于海從我者其由與子路聞之喜子曰由也好勇過我無所取材桴音孚從好並去聲與平聲

集曰乘駕也大者曰栰小者曰桴桴竹木所編小栰也浮汎也無所取材言無所取於桴材也註疏節謂浮海之歎以道不行而託爲是言子路平日勇於有爲故夫子有從我者其由與之語子路聞之而喜夫子

言由之好勇殆有甚於我者然桴材無所
取何由而可往乎欲子路喻託辭之旨也
孟武伯問子路仁乎子曰不知也又問子曰由
也千乘之國可使治其賦也不知其仁也求也
何如子曰求也千室之邑百乘之家可使爲之
宰也不知其仁也赤也何如子曰赤也束帶立
於朝可使與賓客言也不知其仁也乘去聲朝直遥切
集曰赤姓公西名赤字子華孔子弟子千
乘諸侯之國千室大邑百乘卿大夫之家
賦兵也以田賦出兵故謂之兵賦註䟽左氏傳

曰敝邑以賦與陳蔡從宰邑長家臣之通號晦庵朱氏節謂朝朝廷也與賓客言行人之官也夫可使治賦爲宰與賓客言此三子之所能也以顏子之賢夫子僅許以三月不違仁三子猶未及乎此也故因武伯之問各舉其所能者告之而仁則皆曰不知也

子謂子貢曰女與回也孰愈對曰賜也何敢望回回也聞一以知十賜也聞一以知二子曰弗如也吾與女弗如也女並音汝

集曰孰誰也愈猶勝也一者數之始十者

數之終二者一之對吾與之與許也夫子以子貢喜方人故問其與回孰愈以觀其自知之何如子貢知回之不可企及而喻之以此夫子亦許其自知之明曰弗如也者蓋述子貢之言也吾與女弗如也者乃所以深然之也又曰顏子明睿所照即始而見終雖上知之資亦學力所至也子貢推測而知因此而識彼雖中人以上之資而學力猶未至也無所不說告往知來此其驗矣本東溪劉氏致堂胡氏說

宰予晝寢子曰朽木不可雕也糞土之牆不可杇也於予與何誅杇許久切杇音汙與平聲

集曰晝寢謂當晝而寢也晦庵朱氏朽腐也雕刻畫也包氏註朽鏝也王氏註與語辭誅責也邢氏疏君子之於學惟日孜孜斃而後已惟恐其不及也宰予不能以志帥氣居然而倦當晝而寢自棄孰甚焉夫子謂其志氣昏弱教無所施譬如朽腐之木糞土之牆雖欲加之雕琢朽鏝終無以受之言不足責乃所以深責之也本成都范氏致堂胡氏白石錢氏說

子曰始吾於人也聽其言而信其行今吾於人也聽其言而觀其行於予與改是行並去聲與平聲

集曰所謂改是者蓋欲改始者聽言信行之失而爲今者聽言觀行之審也聽言觀行聖人不待是而後能宰予行不逮言故言此以深警之且因以曉羣弟子使之謹於言而敏於行爾本晦庵朱氏說

子曰吾未見剛者或對曰申棖子曰棖也慾焉得剛焉於虔切

集曰申姓棖名孔子弟子邢氏疏剛堅彊不屈之意慾多嗜慾也晦庵朱氏剛與慾正相反能勝物之謂剛故常伸於萬物之上爲物

揜之謂慾故常屈於萬物之下剛最人所難能者宜夫子嘆其未見也棖之爲人烏知非悻悻自好者乎或者疑以爲剛不知此其所以爲慾也慾則不能剛矣本上蔡謝氏說

子貢曰我不欲人之加諸我也吾亦欲無加諸人子曰賜也非爾所及也

節釋曰以非理相干之謂加成都范氏曰君子必其在己者而已其在人者不能必也己欲無加於人唯恕者能之欲人之無加於我雖聖人不能也故曰非子貢所及

子貢曰夫子之文章可得而聞也夫子之言性與天道不可得而聞也

節釋曰凡盛德之著見至理之發揮皆謂之文章此所謂文章則見於言辭者也理之具於吾心者爲性天道則此理自然之本體也夫子之文章形於平日之訓言者學者可得而聞之至於言性與天道有不可得而聞者蓋性與天道夫子未嘗輕以告人然非學者潛心之久亦未易以得之也子貢至是未之有聞所以發爲是言

子路有聞未之能行唯恐有聞
集曰恐懼也有所聞而行未之逮勇者之所耻也唯恐有聞則其汲汲於躬行可知南軒張氏若子路者可謂能用其勇矣門人自以爲弗及也故著之成都范氏
子貢問曰孔文子何以謂之文也子曰敏而好學不耻下問是以謂之文也好去聲
集曰孔文子衛大夫姓孔名圉文美謚也孔氏註子貢疑孔文子不足以當此謚而不知所取各有義其善蓋不可没而其不足

者自不可揜矣東坡蘇氏曰孔文子使太叔疾出其妻而妻之疾通於初妻之娣文子怒將攻之疾奔宋文子使疾弟遺妻孔姞其爲人如此而謚曰文此子貢所以疑而問也凡人性敏者多不好學位高者多耻下問孔文子能好學下問亦人所難能者謚法勤學好問亦謂之文其得謚爲文以此而已南軒張氏晦庵朱氏

子謂子產有君子之道四焉其行己也恭其事上也敬其養民也惠其使民也義

集曰子產鄭大夫公孫僑孔氏註恭莊肅也敬謹恪也惠愛利也義如都鄙有章上下

有服田有封洫廬井有伍之類君子之道其目多矣子産有是四者而已本晦庵朱氏南軒張氏説

子曰晏平仲善與人交久而敬之

集曰晏平仲齊大夫姓晏名嬰平謚也周氏註善謂克盡其道也鄭氏註人之交久則敬衰久而能敬所以爲善伊川程子

子曰臧文仲居蔡山節藻梲何如其知也梲章悦切知去聲

集曰臧文仲魯大夫臧孫氏名辰文謚也

包氏註居猶藏也蔡大龜也節柱頭斗拱也藻水草名梲梁上短柱也蓋爲藏龜之室而刻山於節畫藻於梲也晦庵朱氏當時以文仲爲知所貴乎知者爲其明是非之理也僭上失禮之事而處之不疑其昧於理孰大焉是焉得爲知乎南軒張氏永嘉何氏曰奉一物如此其識陋矣

子張問曰令尹子文三仕爲令尹無喜色三巳之無慍色舊令尹之政必以告新令尹何如子曰忠矣曰仁矣乎曰未知焉得仁崔子弒齊君

陳文子有馬十乘棄而違之至於他邦則曰猶吾大夫崔子也違之之一邦則又曰猶吾大夫崔子也違之何如子曰清矣曰仁矣乎曰未知焉得仁知如字焉於虔切乘去聲

集曰令尹官名楚上卿執政者也子文姓鬬名穀於菟已止也崔子姓崔名杼陳文子名須無皆齊大夫齊君莊公名光十乘四十匹也違去也晦庵朱氏節謂子文喜怒不形物我無閒唯知有國不知有身此謂之忠可也文子亂邦不居絜身而去所至違

之若將浼焉此謂之清可也子張不知乎此而遽以仁爲問故夫子止以忠清許之而不許之以仁夫仁者以心德之全體而言非二子之忠清所能盡也至若比干之忠伯夷之清斯可謂之仁矣

季文子三思而後行子聞之曰再斯可矣三去聲

集曰季文子魯大夫季孫氏名行父文謚也鄭氏註斯語辭晦庵朱氏天下之事有是非利害君子不能無擇也故有取於思焉然至於再則已審三則私意起而反惑矣上蔡謝氏

伊川程子 朱氏曰季文子慮事如此可謂詳審而宜無過舉矣宣公簒立文子乃不能討反爲之使齊而納賂焉豈非程子所謂私意起而反惑之驗與是以君子務窮理而貴果斷不徒多思之爲尚

子曰甯武子邦有道則知邦無道則愚其知可及也其愚不可及也知並去聲

集註 曰甯武子衛大夫姓甯名俞武謚也 馬氏 按左氏傳武子仕衛當文公成公時文公有道而武子無事可見此其知之可及也成公無道至於失國而武子周旋其間忠實一心不顧艱險凡其所處皆智巧之

士所深避而不肯爲者而能卒保其身以濟其君此其愚之不可及也晦菴朱氏勉齋黃氏曰

左氏傳魯僖公二十八年晉侯伐衛夏晉楚戰于城濮楚師敗績衛侯聞楚師敗懼出奔楚使元咺奉叔武以受盟六月晉人復衛侯甯武子與衛人盟于宛濮國人聞此盟也而後不貳衛侯先期入甯子先叔武將沐聞君至喜捉髮走出前驅射而殺之元咺出奔晉冬衛侯與元咺訟甯武子爲輔鍼莊子爲坐士榮爲大士衛侯不勝殺士榮刖鍼莊子謂甯俞忠而免之執衛侯歸之于京師寘諸深室甯子職納橐饘焉三十年晉侯使醫衍酖衛侯甯俞貨醫使薄其酖不死秋乃釋衛侯

子在陳曰歸與歸與吾黨之小子狂簡斐然成章不知所以裁之與並平聲斐音匪

集曰歸與歸與夫子在陳思歸之嘆也吾黨小子指門人之在魯者斐文貌裁裁定也狂簡志大而略於事也以不得夫中行之士所以有取於狂簡也晦庵朱氏夫子知道之終不行也欲傳之於書以詔來世方歷聘之時已付門人編次至是斐然而成章矣及反魯裁定之然後始爲成書耳所謂删詩定書繫周易作春秋是也本南軒張氏說

子曰伯夷叔齊不念舊惡怨是用希

集曰伯夷叔齊孤竹孤竹國名君之二子也孔氏

註節 謂念者不忘於心也舊惡謂人舊嘗有惡於我者也希罕少也念惡即是私心凝滯處私則有怨矣夷齊處心公清無所係累其於舊惡何念之有已不念則人亦不怨此怨之所以希也

子曰孰謂微生高直或乞醯焉乞諸其鄰而與之醯呼西切

集曰微生姓高名魯人也乞求也醯醋也諸之也 註疏 順理之謂直有纖毫之枉則害於直矣 南軒張氏 微生高所枉雖小害直爲大

伊川程子節謂聖人之觀人於其一介之取子亦且深致其意所以教人立心以直雖微而必謹也

子曰巧言令色足恭左丘明耻之丘亦耻之匿怨而友其人左丘明耻之丘亦耻之令去聲足將樹切集曰足過也左丘明古之聞人伊川程子匿藏也巧言令色足恭者此爲諂也匿怨而友其人者此爲詐也爲諂爲詐是皆可耻之甚也成都范氏左丘明耻之其爲人誠實可知矣夫子自言丘亦耻之蓋與人爲善之意

又深戒學者使之務爲誠實也本南軒張氏說

顏淵季路侍子曰盍各言爾志子路曰願車馬衣輕裘與朋友共敝之而無憾顏淵曰願無伐善無施勞子路曰願聞子之志子曰老者安之朋友信之少者懷之盍音合衣少並去聲

集曰侍侍於夫子也盍何不也願者志所欲也衣服之也裘皮服也敝壞也憾恨也伐誇也善己之所能施謂施諸人勞謂勞役之事懷念也子路求仁者也故能克其私於衣服車馬之間而欲與朋友共之也

顏子不違仁者也善不矜己勞不加人蓋欲物我之靡間也夫子安仁者也老者則安之朋友則信之少者則懷之蓋欲無物而不得其所也子路之志僅能推之於朋友而已顏子平物我之志視子路則又宏矣然亦有待於推也至吾夫子物各付物自然之施則無所事乎推矣本晦庵朱氏伊川程子南軒張氏說

又曰人之不仁病於有己故雖衣服車馬之間此意未嘗不存焉學者有志於

求仁則子路之事亦不可忽要當如此用力然後孔顔之事可以漸致若慕高遠而忽卑近則妄意躐等終身無所成就而已耳張氏

子曰已矣乎吾未見能見其過而内自訟者也

集曰内自訟者口不言而心自咎也人有過而能自知者鮮矣知過而能内自訟者爲尤鮮能内自訟則其悔悟深切而改之必矣晦菴朱氏節謂已矣乎者非決其辭以絶學者也歎無其人而猶有以望之也

子曰十室之邑必有忠信如丘者焉不如丘之好學也焉如字好去聲

集曰十室之邑邑之小者也邢氏疏忠信質也此夫子以身教也夫子言人之生質固有無異於己者然特不如己之好學耳所以勉人學也本伊川程子說節謂夫子於生知則不自居於好學則不自遜所以勉人學也

雍也第六凡二十八章

子曰雍也可使南面仲弓問子桑伯子子曰可也簡仲弓曰居敬而行簡以臨其民不亦可乎

居簡而行簡無乃大簡乎子曰雍之言然大音泰

集曰南面者人君聽治之位言仲弓寬洪簡重有君人之度也子桑伯子魯人疑即莊周所稱子桑户者是也簡者不煩之謂然猶是也仲弓以夫子許己南面故問伯子如何夫子謂其可者以其簡也夫自處以敬則中有主而自治嚴如是而行簡以臨民自然操得其要而無煩擾之患所以爲可若先自處以簡則其中無主而自治踈矣而所行又簡豈不失之大簡乎本晦庵朱

氏說伊川程子曰內主於敬而簡則爲要直內存乎簡而簡則爲疎略節謂

仲弓因夫子之言而發明敬簡之說爾非

論子桑伯子也

哀公問弟子孰爲好學孔子對曰有顏回者好學不遷怒不貳過不幸短命死矣今也則亡未聞好學者也好並去聲亡與無同

集曰弟子門人也遷移也貳復也顏子之怒在物不在己故不遷有不善未嘗不知知之未嘗復行不貳過也其克己之功如此眞可謂好學矣以其年三十二而卒故

云短命既曰今也則亡又曰未聞好學者
蓋深惜之也伊川程子晦菴朱氏
又曰天地儲精得五行之秀者爲人其
本眞而靜其未發也五性具焉曰仁義
禮智信形既生矣外物觸其形而動於
中矣其中動而七情出焉曰喜怒哀樂
愛惡欲情既熾而益蕩其性鑿矣故覺
者約其情使合於中正其心養其性而
已然必先明諸心知所往然後力行以
求至焉若顏子之非禮勿視聽言動不

遷怒貳過者則其好之篤而學之得其
道也然其未至於聖人者守之也非化
之也假之以年則不日而化矣（程子）

子華使於齊冉子爲其母請粟子曰與之釜請
益曰與之庾冉子與之粟五秉子曰赤之適齊
也乘肥馬衣輕裘吾聞之也君子周急不繼富
原思爲之宰與之粟九百辭子曰毋以與爾鄰
里鄉黨乎（使衣并上爲字去聲 釜音父庾以主切）

集曰子華公西赤之字也原思姓原名憲
字思孔子弟子使爲孔子使也六斗四升

曰釜十六斗曰庾十六斛曰秉益增益也
適往也乘駕也乘肥馬衣輕裘言其富也
急窮迫也周者補不足繼者續有餘孔子
時爲魯司寇以原思爲宰與之粟九百蓋
宰之禄也不言其量故不可考辭不受也
毋禁止辭五家爲鄰五鄰爲里萬二千五
百家爲鄉五百家爲黨註疏晦菴宋氏夫子之使
子華子華之爲夫子使義也冉子乃爲其
母請粟赤苟至之則夫子必自周之不待
請矣聖人寛容不欲直拒人故與之少所

以示不當與也請益而與之亦少所以示不當益也致堂胡氏曰冉子爲其母請聖人所以重違而少予之也求未達而自與之多則過矣故夫子非之原思爲宰則有常祿思辭其多故又教以有餘則分諸鄰里鄉黨之貧乏者蓋亦莫非義也伊川程子南軒張氏曰取與辭受莫不有其則焉

子謂仲弓曰犂牛之子騂且角雖欲勿用山川其舍諸犂利之切騂息營切舍上聲

集曰此論仲弓云爾非與仲弓言也東坡蘇氏犂雜色騂赤色周人尚赤牲用騂角者角周正中

犧牲也用用以祭也山川山川之神也舍棄也諸之也言人雖不用神必不舍也仲弓父賤而行惡故夫子以此譬之父雖不善不能廢其子之善言仲弓自當見用於世也註疏晦菴朱氏

又曰以瞽叟爲父而有舜以鯀爲父而有禹古之聖賢不係於世類尚矣子能改父之過變惡以爲美則可謂孝矣成都范氏

子曰回也其心三月不違仁其餘則日月至焉

而已矣

節釋曰仁者心之德三月不違者言其久也（伊川程子曰三月天道小變之節）以其心常在仁内而爲之主也日月至焉者言雖有時而至特其暫而不能久也以其心每在仁外而爲之客也顔子於仁熟矣而猶曰三月不違未若聖人之純一無間也涵養悠久則進乎是矣日月至者固與三月不違異矣然非有意於求仁亦未易以及此也由是而不已焉則進乎三月不違矣（横渠張子曰始學之要當

知三月不違與日月至焉内外賓主之辨使心意勉勉循循而不能已過此幾非在我者

季康子問仲由可使從政也與子曰由也果於從政乎何有曰賜也可使從政也與曰賜也達於從政乎何有曰求也可使從政也與曰求也藝於從政乎何有與並平聲

集曰果謂有決斷達謂達事理藝謂多才能晦菴朱氏季康子問三子之才可以從政乎致堂胡氏曰由求爲季氏宰久矣此問從政謂可使爲大夫否也夫子告之以各有所長能取其長皆可用也伊川程子

節謂此可見聖門有用之學

季氏使閔子騫爲費宰閔子騫曰善爲我辭焉如有復我者則吾必在汶上矣（騫去乾切費音祕上爲如字下爲去聲汶音問）

集曰閔子騫姓閔名損字子騫孔子弟子費季氏邑辭猶說也復我謂再來召我也汶水名在齊南魯北境上閔子不欲臣季氏令使者善爲己辭言若再來召我則當去之齊（晦菴朱氏）

又曰學者能少知內外之分皆可以樂

道而忘人之勢况閔子在聖門居德行之科其視季氏不義之富貴奚啻土芥又從而臣之豈其心哉蓋居亂邦見惡人在聖人則可自聖人以下剛則必取禍柔則必取辱此閔子所以必辨之於早也如由也不得其死求也爲季氏附益夫豈二子本心哉既無先見之知又無克亂之才故爾然則閔子其賢乎上蔡謝氏

伯牛有疾子問之自牖執其手曰亡之命矣夫

斯人也而有斯疾也斯人也而有斯疾也牖與久切夫音扶

集曰伯牛姓冉名耕字伯牛孔子弟子牖所以納明處斯此也伯牛有不可愈之疾孔子問之自牖執其手而與之永訣無致疾之由而有斯疾故可以言命再言斯人而有斯疾者痛惜之甚也本註疏江都王氏說

又曰莫之致而致者命也聖人於顏冉之死獨歸之命所謂盡其道而死者也天台陳氏

子曰賢哉回也一簞食一瓢飲在陋巷人不堪其憂回也不改其樂賢哉回也食音嗣樂音洛

節釋曰簞竹器食飯也瓢瓠也陋狹隘也堪猶任也顏子心無私欲天理常存是以無入而不自得故雖簞瓢陋巷人所不堪亦不足以改其所樂也學者苟能用力於克己復禮焉則庶乎其知此味矣

冉求曰非不說子之道力不足也子曰力不足者中道而廢今女畫說音悅女音汝

集曰畫止也孔氏註力不足者中道而廢謂

行半途而足廢也（南軒張氏）畫者如畫地以自
限也（晦庵朱氏）欲爲而不能爲是之謂力不足
能爲而不肯爲是之謂畫（上蔡謝氏）冉求而眞
知説夫子之道如口之説芻豢必將盡力
以求之何病於力不足哉（致堂胡氏）今求非力
不足也自畫之爾（藍田呂氏）

子謂子夏曰女爲君子儒無爲小人儒（女音汝）
集曰儒學者之稱（晦庵朱氏）學以爲己君子儒
也學以爲人小人儒也（伊川程子）子夏文學雖
有餘意其昧夫遠者大者故夫子以是廣

之與上蔡謝氏

子游爲武城宰子曰女得人焉耳乎曰有澹臺滅明者行不由徑非公事未嘗至於偃之室也女音汝澹徒甘切

集曰武城魯下邑焉耳乎皆語辭澹臺姓滅明名子羽其字也孔氏包氏註徑路之小而捷者公事如飲射讀法之類爲政以人才爲先故夫子以得人爲問行不由徑則其動必正而無見小欲速之意非公事不至偃室則其守必正而無枉己徇人之私即

二事而觀其正大之情可見矣非孔氏之徒孰能知而取之本晦庵朱氏說又曰持身以滅明爲法則無苟賤之羞取人以子游爲法則無邪媚之惑

子曰孟之反不伐奔而殿將入門策其馬曰非敢後也馬不進也殿都甸切

集曰孟之反魯大夫名側誇功曰伐軍後曰殿奔敗走也策鞭策也非敢後也馬不進也此託辭也師奔而殿是難能也晦庵朱氏曰戰敗而還以後爲功孟之反非惟不敢有其功而且自揜其功其深自抑損如此爲學之害

矜伐居多聖人於孟之反有取焉者所以教門人也（邢氏疏南軒張氏）又曰師勝而歸范文子先入而不敢先師敗而奔孟之反後殿而自以爲非敢後君子以功名爲畏如此（白石錢氏）

子曰不有祝鮀之佞而有宋朝之美難乎免於今之世矣（鮀徒河切）

集曰祝宗廟之官鮀字子魚衛大夫有口才朝宋公子有美色（晦菴朱氏節）謂此言無鮀之口才而有朝之美色難乎免於當世蓋

衰世好佞美色終不可以免禍而口才容或可免焉耳左氏傳魯定公四年劉文公合諸侯于召陵衛靈公使祝鮀從及臯鼬將長蔡於衛鮀言於萇弘萇弘悦告劉子乃長衛侯是鮀有口才也定公十四年衛侯爲夫人南子召宋朝會于洮太子蒯聵獻盂于齊過宋野野人歌之曰既定爾婁豬盍歸吾艾豭太子羞之謂戲陽速曰從我朝少君而殺之速不進蒯聵奔宋是朝有美色也二子皆衛靈公時夫子斯言殆爲衛國而發其實非不惡佞

子曰誰能出不由户何莫由斯道也

節釋曰莫不也道不可須臾離也此章以户喻道歎人知由户而不知由道也

子曰質勝文則野文勝質則史文質彬彬然後

君子彬府巾切

集曰勝猶過之也野如野人謂鄙略也史如史官謂多文也彬彬文質相半之貌包氏註廣韻文質雜半曰彬說文曰彬古份字文質備也節謂質勝於文則失之野文勝於質則失之史唯文質相濟而不偏焉然後爲成德之君子龜山楊氏曰文質不可以相勝然質之勝文猶甘之可以受和白之可以受采也文勝而至於滅質則其本亡矣雖有文將安施乎然則與其史也寧野

子曰人之生也直罔之生也幸而免

集曰直者無邪曲也罔不直也人之生理

本直罔則失其生理矣而猶生者幸而免也非得其正也本伊川程子說

子曰知之者不如好之者好之者不如樂之者好並去聲樂音洛

集曰譬之五穀知者知其可食也好者食而嗜之也樂者食之而飽也南軒張氏又曰好者用工之篤也至於樂則自得矣節謂好深於知樂又深於好知而能好好而能樂道斯在我矣

子曰中人以上可以語上也中人以下不可以語上也以上之上上聲語去聲

集曰中人以上中人以下才也伊川程子語告也聖人之道精粗雖無二致但其施教則必隨其才而篤焉中人以上語之以上可也中人以下若驟而語之太高非惟不能入且將妄意躐等而有不切於身之弊亦終於下而已故就其所及而語之使之進於中然後可以語上也本南軒張氏橫渠張子說

樊遲問知子曰務民之義敬鬼神而遠之可謂知矣問仁曰仁者先難而後獲可謂仁矣知遠並去聲

集曰先難謂克己也伊川程子專用力於民之所宜而不惑於鬼神之不可知知者之事也南軒張氏曰敬而不遠惑也遠之而不敬忽也故貴乎敬而遠之先其事之所難而後其效之所得仁者之心也晦庵朱氏曰難莫難於克己勉爲其難不計所獲循循不已久自有至若先有覬獲之意則固已自累其心而有害於天理矣

子曰知者樂水仁者樂山知者動仁者靜知者樂仁者壽知並去聲上二樂字五教切下一樂字音洛

集曰上兩樂字喜好也壽常久也知者達於理有若水之周流而以動爲體仁者安

於理有若山之定止而以靜爲體動而所行無滯故樂靜而所主有常故壽動靜仁知之體也樂壽仁知之效也本伊川程子說南軒張氏曰知之體雖主乎動而其用各有所止靜固在其中矣仁之體雖主乎靜而其用本未嘗息動亦在其中矣動靜互見體用一源非體仁知之深者莫能識也

子曰齊一變至於魯魯一變至於道

節釋曰變謂更其化善其治也夫子之時齊彊而魯弱孰不以爲齊勝魯也然夫子則謂齊一變至於魯魯一變至於道何耶蓋齊自威公覇政之後所急者功利王道

無復存矣魯雖削也滋甚而猶秉周禮齊由功利之習而變之故其變而之道也難魯則秉禮之舊特修舉廢墜而已故其變而之道也易此齊一變所以僅至於魯而魯一變則能至於先王之道也

子曰觚不觚觚哉觚哉（觚並古胡切）

集曰觚或曰酒器或曰木簡皆器之有稜者上觚語其器下觚語其制觚哉觚哉歎器之失其制也夫有是物必有是則苟失其則實巳非矣其得有其名乎名存而實

亡者衆故夫子因觚而發歎耳晦庵朱氏　南軒張氏

東坡蘇氏宰我問曰仁者雖告之曰井有仁焉其從之也子曰何爲其然也君子可逝也不可陷也可欺也不可罔也

集曰逝往也陷謂陷入於井也孔氏註欺謂誑之以理之所有罔謂昧之以理之所無

晦庵朱氏宰我之意蓋曰仁者之志惟急於求仁而已患難有所不恤也井者死地也厥或告之曰死地而有可爲仁之事其亦將

從之也是不然君子之求仁亦曰循其理而已矣河東侯氏故可逝可欺者不逆詐不億不信也而其不可陷不可罔者有理存焉耳於此觀之亦可以究仁者之心矣南軒張氏

子曰君子博學於文約之以禮亦可以弗畔矣夫夫音扶

節釋曰約謂收歛而有歸宿之意畔猶背也博文致其知也約禮謹於行也學文而不博固無以知事事物物之理既博矣不能約之於是禮之中則必至於汗漫而無

操履之實矣唯博文而又約禮然後可以弗畔於道

子見南子子路不説夫子矢之曰予所否者天厭之天厭之說音悦否方九切

集曰矢誓也否不也謂不合於禮不由其道也厭棄也南子衛靈公之夫人有淫行欲見孔子而孔子見之蓋古者仕於其國有見其小君之禮子路以夫子之見爲辱故不説殊不知聖人道大德全無可不可其見南子禮所當然彼之不善我何與焉

故夫子誓之曰予所否者天且厭棄之矣

再言之者所以必子路之信已也本晦庵朱氏說

子曰中庸之爲德也其至矣乎民鮮久矣鮮上聲

集曰不偏之謂中不易之謂庸中者天下之正道庸者天下之常理伊川程子節謂至極也不可以有加也此章言中庸之德之至

民鮮有能久行之者也

子貢曰如有博施於民而能濟衆何如可謂仁乎子曰何事於仁必也聖乎堯舜其猶病諸夫仁者已欲立而立人已欲達而達人能近取譬

可謂仁之方也已（施去聲 夫音扶）

集曰博廣也仁則盡夫心德之全聖則造其極也乎者疑而未定之辭病者心有所不足也立謂立其身也達謂達其道也方所也博施濟衆功用大矣此何止從事於仁者能之必也聖人之事乎然雖以堯舜之聖猶以博施濟衆爲病（伊川程子曰博施濟衆仁者無窮意乃聖人之極功也）子貢乃疑其未足以盡仁故有是問夫子既言博施濟衆之大有非賜之所能及（程子曰博施者豈非聖人之所欲然必五十乃衣帛七十乃食

肉聖人之心非不欲少者亦衣帛食肉也顧其養有所不贍爾此病其施之不博也濟衆者豈非聖人之所欲然治不過九州聖人非不欲四海之外亦兼濟也顧其治有所不及爾此病其濟之不衆也若以吾治爲已足即非聖人之心矣而又語之以仁焉仁者公天下以爲心而無物我之私己欲立而立人己欲達而達人仁者之心也欲進乎是其惟近取譬乎體之於吾身而推之此恕之道也所以爲仁之方也於其方而用力焉則可進於仁矣本晦菴朱氏南軒張氏說朱氏曰凡己之欲即以及人不待推以譬彼而後施之者此仁之事也於此觀之可以見夫天理之周流而無間矣以己之欲譬之於人知其亦

必欲此此而後施之者則恕之事而仁之方也於此勉焉則有以勝夫人欲之私而全其天理之公矣程子曰醫書以手足痿痺爲不仁此言最善名狀仁者以天地萬物爲一體莫非己也認得爲己何所不至若不屬己自與己不相干如手足之不仁氣已不貫矣故博施濟衆乃聖人之極功仁至難言故止曰己欲立而立人己欲達而達人能近取譬可謂仁之方也已

論語集説卷第三

論語集説卷第四

永嘉蔡　節　編

述而第七凡三十八章

子曰述而不作信而好古竊比於我老彭好去聲

集曰老彭商賢大夫邢氏疏上蔡謝氏曰老彭之爲人無所考述傳舊而已作則創始也比猶並之也竊比尊之之辭我親之之辭老彭信古而傳述者也孔子刪詩書定禮樂贊周易脩春秋皆傳述先王之舊而未嘗有所自作也故其所言如此蓋不惟不敢當作者之

聖而亦不敢顯然自附於古之賢人德愈盛而心愈下不自知其辭之謙也然當是時作者略備夫子蓋集羣聖之大成而折衷之其事雖述而功則倍於作矣（晦菴朱氏）（龜山楊氏曰詩亡然後春秋作然則孔子亦有作乎曰春秋天子之事前此未之有謂之作者以是然而其事則齊桓晉文其文則史其義則竊取之於是而筆削焉蓋亦述之而已）

子曰默而識之學而不厭誨人不倦何有於我哉（識音志）

集曰默不言也識記也默識謂不言而存

諸心也學不厭所以成諸己誨不倦所以成諸人何有於我言是三事何者能有於我此皆聖人之謙辭也晦庵朱氏藍田呂氏河南尹氏曰何有於我是亦勉學者云爾節謂以夫子之聖於此三者猶曰何有學者可不勉諸

子曰德之不脩學之不講聞義不能從不善不能改是吾憂也

集曰徙遷也德以脩而日新學以講而日明徙義則善日益改不善則過日損四者脩身之大要也勉齋黄氏苟未能之聖人猶憂況學者乎河南尹氏南軒張氏曰聖人言以是為憂所以深勉學者也

子之燕居申申如也夭夭如也

集曰燕居閒暇無事之時晦庵朱氏申申其容舒也夭夭其色愉也燕居不爲容色故如是龜山楊氏此可見聖人中和之氣與弟子善形容聖人處也伊川程子又曰在鄉黨則恂恂在廟朝則便便至於燕居則申申夭夭不是聖人揀擇安排蓋盛德之至動容周旋無不中節者也天台陳氏

子曰甚矣吾衰也句久矣吾不復夢見周公復扶

又切

集曰甚矣吾衰也言其衰之甚也復又也方其年壯氣盛而欲行周公之道也故夢寐見之及其年老氣衰而知不能行之也則不復有是夢矣聖人心乎濟世死而後已此亦託辭以歎吾道之終不行也本白石錢氏說

子曰志於道據於德依於仁游於藝

集曰志者心之所之也道者人所當行之理也據守也德則行是道而實有得於心

者也依者不離之謂仁則心德之全也游則寓此心焉爾藝則禮樂射御書數之事周禮註疏曰五禮吉凶軍賓嘉也六樂雲門大咸大韶大夏大濩大武也五射白矢參連剡注襄尺井儀也五馭鳴和鸞逐水曲過君表舞交衢逐禽左也六書象形會意指事轉注假借諧聲也九數方田粟米差分少廣商功均輸方程贏不足旁要也亦莫非至理之所在也志道則道在是而心之所之者亦在是也據德則德之在我者守之而不失也依仁則惟仁之依而造次顛沛之未始離也游藝則游心於藝而一動一息之莫不有養也朱氏曰學莫先於立志志道則

心存乎道而不他據德則道得於心而不失依仁則德性常用而物欲不行游藝則小物不遺而動息有養學者苟能於志道據德依仁而不紊夫先後之序又時焉而游於藝則本末兼該內外交養日用之間無少罅漏涵泳從容忽不自知其入於聖賢之域矣本晦菴朱氏說　朱氏曰讀書須將聖賢言語就自身上做工夫方見字字是實用今看道是甚物事自家如何志之以至據德依仁游藝亦莫不然方始有得

子曰自行束脩以上吾未嘗無誨焉

集曰脩脯也十脡為束古者相見必執贄以為禮束脩其至薄者聖人之於人無不

欲其入於善苟以禮而來學則是有求道之心聖人未嘗不教之也晦菴朱氏

子曰不憤不啓不悱不發舉一隅不以三隅反則不復也憤房粉切悱芳匪切復扶又切

集曰憤悱者思慮積久鬱而未暢誠意之見於色辭者也憤則不得於心啓謂開其意也悱則不得於言發謂達其辭也物有四隅舉一可知其三反者還以相證之義復再告也不待其憤悱而啓發之則知之不能堅固待其憤悱而啓發之庶幾其聽

之專而識（音志）之深也然告之亦舉一隅爾不以三隅反則是不能因言以推類苟遽復之則於彼亦無益矣以三隅反而後復之此古之善教者使人繼其志欲其自得之也（本伊川程子晦庵朱氏南軒張氏說）

子食於有喪者之側未嘗飽也子於是日哭則不歌

集曰有喪者在側食豈能甘也（伊川程子）哭謂弔哭一日之内餘哀未忘自不能歌也（晦庵朱氏）於此可見聖人情性之正（上蔡謝氏）

子謂顏淵曰用之則行舍之則藏唯我與爾有是夫子路曰子行三軍則誰與子曰暴虎馮河死而無悔者吾不與也必也臨事而懼好謀而成者也舍上聲夫音扶馮扶氷切好去聲

集曰用謂見用於時也行謂行其道也舍謂不爲時用也藏謂卷而懷之也三與字訓許本岷隱戴氏說萬二千五百人爲軍大國三軍暴虎徒搏馮河徒涉懼謂敬其事成謂成其謀邢氏晦菴朱氏聖賢之於行藏無意無必隨其所遇而已故其行非貪位也其藏非

獨善也一有意必則是二者俱失其宜矣用行舍藏唯顏子可與於此上蔡謝氏河南尹氏曰用舍無與於己行藏安於所遇命不足道也朱氏曰用舍行藏猶以物我對待而言若孔子之仕止久速則其可否之機渾然在我而無與於物矣子路見夫子獨許顏子遂自負其勇故發爲子行三軍則誰與之問夫子謂犯難而輕死非君子所貴惟臨事而懼則有戒心故其動也必審好謀而成則有遠慮故其爲也必濟此則行軍之要也所以抑子路而教之與本南軒張氏粲山黃氏說

子曰富而可求也雖執鞭之士吾亦爲之如不可求從吾所好好去聲

集曰執鞭賤者之事晦庵朱氏好謂好義也富固人所欲也而有義存焉使其於義而可雖身爲賤役亦所不辭然於義有不可焉則姑從吾所好而已聖人斯言非謂富有時而可求也特借是以明其决不可求耳本南軒張氏東坡蘇氏説

子之所慎齊戰疾齊側皆切

集曰慎者敬謹之至也齊之爲言齊也雨齊

之之齊側皆切餘如字將祭而齊其思慮之不齊者
以交於神明也齊之誠否鬼神之有無繫
焉戰之勝否師衆之死生繫焉疾之愈否
吾身之存亡繫焉三者皆不可以不謹也
本晦菴朱氏說曾氏曰鬼神恍惚戰疾危殆此心斯須不在焉則失之矣
河南尹氏曰夫子無所不謹弟子記其大者耳

子在齊聞韶三月不知肉味曰不圖爲樂之至
於斯也樂五角切
節釋曰韶舜樂也三月言其久也舜之後
爲陳自陳敬仲奔齊其後久專齊政至景

公時陳氏代齊之形已成矣夫子在齊聞韶三月不知肉味蓋憂感之深也曰不圖爲樂之至於斯斯者指齊而言也韶本揖遜之樂今乃至於齊之國其殆傷今思古故發爲此嘆與或謂聖人之喜怒哀樂未有不中節者今在齊聞韶而憂感之深乃至於三月忘味恐不應固滯如此然未有一說可以易此說姑闕之

冉有曰夫子爲衛君乎子貢曰諾吾將問之入曰伯夷叔齊何人也曰古之賢人也曰怨乎曰求仁而得仁又何怨出曰夫子不爲也爲並去聲

集曰爲猶助也衛君出公輒也諾應辭也

問之問於夫子也下乃子貢與夫子問答之辭衛靈公逐其世子蒯聵公薨而國人立蒯聵之子輒於是晉納蒯聵而輒拒之時孔子在衛衛人以蒯聵得罪於父而輒嫡孫當立故冉有疑而問之伯夷叔齊孤竹君之二子也其父將死遺命立叔齊父卒叔齊遜伯夷伯夷曰父命也遂逃去叔齊亦不立而逃之國人立其中子其後武王伐紂夷齊扣馬而諫武王滅商夷齊恥食周粟隱于首陽山遂餓而死子貢不斥

衛君而即夷齊之事爲問以探聖人之旨可謂善於爲辭者矣中有所悔恨之謂怨其曰怨乎者謂二子委國而去獨不顧其宗國而有所不足于中乎夫子告之以求仁而得仁言伯夷以父命爲尊叔齊以天倫爲重其遜國也皆求以合乎天理之正而即乎人心之安既而各得其志焉而何怨之有若衛輒之據國拒父唯恐失之其可同日語哉故觀夫子所以賢夷齊則其不爲衛君之事可以意會矣本晦庵朱氏說南軒張

氏曰叔齊之遜伯夷以伯夷之長當立無兄弟之義而何以爲國乎伯夷之不受國以叔齊之立父命也無父子之義而何以爲國乎二人者寧去國而存此矣衛輒之事國人以蒯聵得罪於先君而出奔則不宜有衛也於是立輒而拒蒯聵曾不知蒯聵父也輒子也父子之義先亡矣國其可一日立乎在輒之分寧委國而全其父子可也

子曰飯疏食飲水曲肱而枕之樂亦在其中矣不義而富且貴於我如浮雲飯符晚切食音嗣枕去聲樂音洛

集曰飯食之也疏食麤飯也肱臂也寢則曲肱而枕之也聖人之心渾然天理雖處窮約而樂亦無不在焉所樂者在我其視

不義之富貴直如浮雲之無與吾事耳本邢

子曰加我數年五十以學易可以無大過矣氏疏晦菴朱氏說

集曰加增也夫子時未五十也學易則窮
理盡性以至於命故可以無過然夫子豈
必至是而始學易亦豈必至是而始無大
過耶觀五十而知天命之語則曰學易曰
無大過皆謙辭耳龜山楊氏曰與易爲一然後無過東溪劉氏曰一毫不與易合斯爲過矣聖人即已教人使知易之
不可以不學而又不可以易而學也本成鄒范

氏檗山黃氏晦庵朱氏說

子所雅言詩書執禮皆雅言也

集曰雅常也執守也詩以理情性書以道政事禮以謹節文皆切於日用之實故常言之禮獨言執者以人所執守而言非但誦說而已也晦庵朱氏上蔡謝氏曰此因學易之語而類記之

葉公問孔子於子路子路不對子曰女奚不曰其爲人也發憤忘食樂以忘憂不知老之將至云爾葉舒涉切女音汝

集曰葉公楚葉縣尹沈諸梁字子高僭稱

公也邢氏疏葉公不知孔子而問子路子路不對以形容聖人之難也河南尹氏未得則發憤而忘食已得則樂之而忘憂惟日孜孜終吾身焉而不知歲月之邁也此孔子自謂好學之篤耳然深味之則其至誠不息之運非聖人不能也晦庵朱氏

子曰我非生而知之者好古敏以求之者也好去聲

集曰生而知之者氣質清明義理昭著不待學而後知也晦庵朱氏節謂夫子以生知之

聖猶曰好古而敏求者此雖聖人之謙辭
然義理無窮亦必學而後爲知之至也

子不語怪力亂神

集曰怪異勇力悖亂之事非理之正固聖
人所不語鬼神造化之迹雖非不正然非
窮理之至有未易明者故亦不輕以語人
也晦菴朱氏

子曰三人行必有我師焉擇其善者而從之其
不善者而改之

集曰三人同行其一我也彼二人者或善

或惡我從其善而改其惡焉則是善惡皆我師也晦庵朱氏南軒張氏曰見賢思齊見不賢而內自省善吾師也不善亦吾師也雖然就一人之身而有善不善焉亦莫非吾師也古人之學無非爲己而已

子曰天生德於予桓魋其如予何魋徒雷切

集曰威魋宋司馬向魋也出於威公故又稱威氏威魋欲害孔子孔子言天旣賦我以如是之德則威魋其柰我何言不能違天害己也晦庵朱氏

又曰於威魋則曰天生德於予於康人

則曰天之未喪斯文蓋夫子一身之存亡繫斯道之興廢故其遇難也不決於人而決於天休齋陳氏

子曰二三子以我爲隱乎吾無隱乎爾吾無行而不與二三子者是丘也

集曰二三子謂諸弟子也隱匿也二三子以夫子之道高深不可幾及故疑其有隱而不知道無乎不在聖人之日用常行孰非教之所寓哉夫子語二三子謂女以我爲有隱乎我實無隱也我之所行無不與

二三子共之甚易知而易見特自不察之耳其曰是丘也者質諸己以實其言也邢氏

號晦菴朱氏 建安游氏

子以四教文行忠信行去聲

集曰教人以學文脩行而存忠信也忠信本也教者必自外入故以文爲先焉伊川程子

成都范氏

子曰聖人吾不得而見之矣得見君子者斯可矣

節釋曰聖人道全德備大而能化者也君

子則具聖人之體而未能充盡者也𥖝山黄氏曰夫子思其上者而不得見故又思其次也

子曰善人吾不得而見之矣得見有恒者斯可矣亡而爲有虚而爲盈約而爲泰難乎有恒矣恒並胡登切亡讀爲無

集曰善人者志於仁而無惡有恒者不貳其心橫渠張子有恒心然後可與爲善龜山楊氏曰亡絶無也虚則未滿之名盈充實也約窮約也泰奢泰也本無一長而爲有之狀未能充實而

爲盈之狀貧約而爲泰之狀三者皆虚夸之事凡若此者必不能守其恒也（晦菴朱氏）又曰有恒之與聖人高下固懸絶矣然未有不自有恒而能至於聖者也故章末申言有恒之義其示人入德之門可謂深切而著明矣（朱氏）

子釣而不綱弋不射宿（射食亦切）

集曰釣垂餌取魚也綱以大繩屬網絶流而漁者也弋以生絲繫矢而射也宿宿鳥也（邢氏疏晦菴朱氏）蓋物有祭祀之須有奉養賓

客之用則其取之也有不得免焉釣而不綱不忍取之多也弋不射宿不欲陰中之也聖人之心天地生物之心也本南軒張氏說

子曰蓋有不知而作之者我無是也多聞擇其善者而從之多見而識之知之次也識音志

集曰識記也不知而作謂不知其理而妄作也晦菴朱氏節謂夫子自言未嘗有是亦可見其無所不知也然猶不以生知自居多聞而能擇多見而能識自處於知之次而已此蓋聖人之謙辭也

互鄉難與言童子見門人惑子曰與其進也不與其退也唯何甚人潔已以進與其潔也不保其往也見賢遍切

集曰互鄉鄉名難與言蓋風氣之未純也童子者互鄉之童子也惑者疑夫子不當見之也與許也潔脩治也晦庵朱氏聖人無絕人之心苟以是心至斯受之而已矣互鄉之童子論其俗則互鄉也論其年則童子也門人疑夫子不當見之夫子謂其來見也當與其進而不當與其退獨何爲已甚

乎人能潔己以進與其一時之志潔耳自
此以往亦安能保之也聖人之心猶天地
之於萬物苟有生意則雨露滋長之矣無
間乎幽深僻遠也本巖麓趙氏說
子曰仁遠乎哉我欲仁斯仁至矣
節釋曰仁者心之德豈遠於人乎患不欲
之耳欲仁而仁至亦何遠之有
陳司敗問昭公知禮乎孔子曰知禮孔子退揖
巫馬期而進之曰吾聞君子不黨君子亦黨乎
君取於吳爲同姓謂之吳孟子君而知禮孰不

知禮巫馬期以告子曰丘也幸苟有過人必知之取七住切

集曰陳國名司敗官名即司寇也昭公魯君名稠巫馬期姓巫馬名施字期孔子弟子相助匿非曰黨取與娶同魯與吳皆姬姓禮不娶同姓故謂之吳孟子揖巫馬期而進之者司敗揖也巫馬期以告者告於孔子也邢氏疏晦菴朱氏魯蓋夫子父母之國昭公魯之先君也司敗未嘗顯言其事而遽以知禮爲問其對之宜如此也及司敗以

爲有黨而夫子受以爲過然亦不正言其所受之過初若不知孟子之事者可謂善於爲辭矣武夷吴氏朱氏曰孔子不可自謂諱君之惡又不可以娶同姓爲知禮故受以爲過而不辭

子與人歌而善必使反之而後和之和去聲

集曰歌者歌詩也南軒張氏反復也晦菴朱氏和者繼其聲也龜山楊氏節謂此與人歌也與人歌而善必使之復歌而後和之可見聖人不伐己之能而掩人之善矣

子曰文莫吾猶人也躬行君子則吾未之有得

集曰莫之爲言猶曰得不也藍田呂氏猶若也有君子之行然後有君子之文弟子見聖人之文發越如是日宗仰焉夫子懼其惟文之求而不務其行也則曰吾之文得不與人同乎但於躬行之君子則吾未之有得焉耳此皆自謙之辭欲人因文而勉於行也聖人抑己訓人引而發之大抵若此本巖麓趙氏説

子曰若聖與仁則吾豈敢抑爲之不厭誨人不倦則可謂云爾已矣公西華曰正唯弟子不能

學也

集曰此亦夫子謙辭也聖則大而化之仁則盡夫心德之全人道之備也爲之謂爲仁聖之道誨人謂以此教人也可謂云爾已矣者無它之辭也夫子雖不居仁聖然爲之不厭誨人不倦唯至誠不息者能之所以弟子不能學也晦庵朱氏景迂晁氏東萊呂氏

子疾病子路請禱子曰有諸子路對曰有之誄曰禱爾于上下神祇子曰丘之禱久矣誄力軌切

集曰禱謂禱於鬼神有諸問有此理否誄

者哀死而述其行之詞也上下謂天地天曰神地曰祇禱者悔過遷善以祈神祇之佑也聖人表裏純一未嘗有過固已合乎神明豈待至此而後禱哉曰丘之禱久矣蓋所以明無所事禱之意（本晦庵朱氏說）

子曰奢則不孫儉則固與其不孫也寧固（孫去聲）

集曰孫順也固陋也（邢氏疏）儉不中禮則固而已矣至於奢則僭上而不孫不孫者亂之所由生也（龜山楊氏）奢儉俱失中而奢之害爲大故曰與其不孫也寧固（伊川程子）此夫子

救時不得已之言也（景迂鼂氏）

子曰君子坦蕩蕩小人長戚戚

集曰坦平也蕩蕩寛廣貌（晦庵朱氏）君子循理故其心和平而寛廣小人役於物故其心無日而不憂懼（本伊川程子説）

子温而厲威而不猛恭而安

節釋曰温者其氣和也厲者其色正也温而不厲則失之於太柔矣威而猛則失之於太剛矣恭而不安則失之於拘迫而不可以持久矣温而厲威而不猛恭而安聖

人盛德之至故其中和發見自然如此

泰伯第八凡二十一章

子曰泰伯其可謂至德也已矣三以天下讓民無得而稱焉

集曰至德謂德之至極不可以有加也三讓遜之至也無得而稱其遜隱微無迹之可見也晦庵朱氏節謂周大王三子長泰伯次仲雍又次季歷大王之時商道寖衰而周道日盛泰伯知天下必去商而歸周也與仲雍逃之荊蠻而避之其後大王乃立季

歷傳至文王而三分天下有其二至武王遂克商而有天下泰伯之遜夫子不曰遜國而曰以天下讓蓋探其心而推明之也遜於隱微之中故民無得而稱泰伯可謂至德非夫子其孰能知之節謂論語一書以至德稱者唯泰伯文王二人其旨微矣泰伯知天下必去商而歸周故逃之荊蠻而避之文王三分天下有其二以服事殷泰伯文王均此一心也此其所以為至德

子曰恭而無禮則勞慎而無禮則葸勇而無禮則亂直而無禮則絞葸絲里切絞古卯切

集曰葸畏懼貌絞急切也晦庵朱氏禮所以節

文也恭而無禮則罷於接物愼而無禮則畏而失我勇而無禮則暴而上人直而無禮則切而賊恩藍田呂氏節謂恭愼勇直皆善道也惟有禮以節之則莫非天理之自然無禮以節之則有勞葸亂絞之弊而反害之也白石錢氏曰恭愼柔德勇直剛德也苟無禮以節之則皆有偏勝之弊

君子篤於親則民興於仁故舊不遺則民不偷

集曰君子謂在上之人也篤厚也興起也偷薄也晦庵朱氏篤於親不遺故舊盡吾人道之當然耳非爲欲動民而若此也仁義之

心人皆有之上行而下傚自然民化而德厚矣本南軒張氏説

又曰此章與上文不相蒙今從武夷吴氏説自爲一章

曾子有疾召門弟子曰啓予足啓予手詩云戰戰兢兢如臨深淵如履薄冰而今而後吾知免夫小子夫音扶

集曰召呼也啓開也戰戰兢兢如臨深淵如履薄冰此詩小旻之篇戰戰恐懼也兢兢戒謹也臨深恐墜履薄恐陷也小子弟

子也（註疏）啓手足者使弟子開其衾視之示保其身而無傷也曾子平日戰戰兢兢如臨深履薄至此而始知免矣所謂全而歸之者於是爲終其事反覆玩味此章亦可見持身之匪易矣（南軒張氏成都范氏曰身體猶不敢虧也況敢虧其行以辱親乎）

曾子有疾孟敬子問之曾子言曰鳥之將死其鳴也哀人之將死其言也善君子所貴乎道者三動容貌斯遠暴慢矣正顔色斯近信矣出辭氣斯遠鄙倍矣籩豆之事則有司存（遠近並去聲）

集曰孟敬子仲孫氏名捷魯大夫馬氏註問之者問其疾也言曾子自言也貴猶重也容貌舉一身而言暴粗厲也慢放肆也信實也辭言語也氣聲氣也鄙凢陋也倍與背同謂背理也竹豆謂之籩木豆謂之豆有司謂有司之者也孟敬子蓋嘗學禮於曾子曾子因其問疾之際而告之言鳥畏死故鳴哀人窮反本故言善欲敬子知其所言之善而識之也蓋道無所不在而君子所重者則在此三事而已矣不莊不敬

其動容貌也非暴則慢惟莊敬有素則夫容貌之動斯遠暴慢矣内無誠實其正顔色也色莊而巳惟誠實有素則夫顔色之正斯近信矣涵養不熟其出辭氣也非鄙即倍惟涵養有素則夫辭氣之出斯遠鄙倍矣動也正也出也有諸中而形諸外也近自近也遠自遠也不期然而然者也故皆以斯言之此三者蓋禮之本脩身之要學者所當操存省察而不可有造次顛沛之違者也若夫籩豆之事此特禮之末則

自有司之者存而非君子之所重矣本晦庵朱氏說

曾子曰以能問於不能以多問於寡有若無實若虛犯而不校昔者吾友嘗從事於斯矣

集曰校計校也友馬氏以爲顔淵是也不知有餘在我不足在人不必得爲在己失爲在人非深識義理之無窮不見物我之有間者不能然也晦庵朱氏上蔡謝氏

曾子曰可以託六尺之孤可以寄百里之命臨大節而不可奪也君子人與君子人也與平聲

集曰孤幼主也百里諸侯國也藍田呂氏節節操也其才可以輔幼主攝國政其節至於死生之際而不可奪可謂君子矣與疑辭也決辭設爲問答所以深著其必然也晦庵朱氏南軒張氏曰此非剛毅篤實者不能也

曾子曰士不可以不弘毅任重而道遠仁以爲己任不亦重乎死而後已不亦遠乎

集曰士學者之稱西山真氏弘寬廣也毅彊忍也晦庵朱氏弘與毅相須者也士之不可以不弘毅者以任重而道遠也所謂任重者以

仁爲已任也所謂道遠者當用力以終吾身焉耳南軒張氏節謂弘則可以大受毅則足以力行如人負重器適遠塗若不能容受則何以勝其重不能彊忍則何以至於遠必是有大力量然後能勝其重而至於遠

子曰興於詩立於禮成於樂樂五角切

集曰興起也詩本人情有美有刺其爲言既易知而吟詠之間抑揚反覆其感人又易入故學者之初所以興起其好善惡惡之心而不能自已者必於此而得之禮以恭敬辭遜爲本而有節文度數之詳可以

固人肌膚之會筋骸之束故學者之中所以能卓然自立而不爲事物之所揺奪者必於此而得之樂有五聲十二律更唱迭和以爲歌舞八音之節可以養人之性情舒暢其固滯消融其查滓故學者之終所以至於義精仁熟而和順於道德者必於此而得之是學之成也晦菴朱氏

又曰朱氏曰按内則十年學幼儀十三學樂誦詩二十而後學禮則此三者非小學傳授之次乃大學終身所得之難

易先後淺深也程子曰天下之英材不爲少矣特以道學不明故不得有所成就夫古人之詩如今之歌曲雖閭里童稚皆習聞之而知其說故能興起今雖老師宿儒尚不能曉其義況學者乎是不得興於詩也古人自洒掃應對以至冠昏喪祭莫不有禮今皆廢壞是以人倫不明治家無法是不得立於禮也古人之樂聲音所以養其耳采色所以養其目歌詠所以養其性情舞蹈所以養

其血脈今皆無之是不得成於樂也是以古之成才也易今之成才也難

子曰民可使由之不可使知之

集曰民謂凡民也此百姓日用而不知之謂也邢氏疏由者由是理之所當然知者知是理之所以然晦庵朱氏聖人之設教可使民由是道然知則待其自悟聖人有不能與也使之由之所謂知之之道固在其中矣南軒張氏

子曰好勇疾貧亂也人而不仁疾之巳甚亂也

好去聲

集曰疾惡也好勇而不安分則必作亂惡不仁之人而使之無所容則必致亂二者之心善惡雖殊然其生亂則一也晦庵朱氏

子曰如有周公之才之美使驕且吝其餘不足觀也已

集曰周公旦也驕矜夸吝鄙嗇也晦庵朱氏設言有周公之才美而驕且吝焉則其餘不足觀矣此甚言驕吝之不可也若有周公之德亦何至於驕吝哉伊川程子朱氏曰程子云驕氣盈

吝氣歉然其勢常相因驕者吝之枝葉吝者驕之本根

子曰三年學不至於穀不易得也易以豉切

集曰穀者善之實也成都范氏致堂胡氏曰穀善也成也爾雅曰信善爲穀言善之成實也學之三年之久而不至於善則亦難乎其得之矣若苟知所以用其力必有月異而歲不同者南軒張氏

子曰篤信好學守死善道危邦不入亂邦不居天下有道則見無道則隱邦有道貧且賤焉恥也邦無道富且貴焉恥也好去聲見賢遍切

節釋曰篤信者信之不回也篤信以好學

則其學實矣守死者守之不變也守死以善道則其道固矣此有學有道之士也危邦危殆之國也未至則不入也亂邦雖未危而刑政紀綱紊矣已至則不居也此去就之義潔也天下舉一世而言有道則見於世無道則隱其身而不見也此出處之分明也去就出處不失其宜非有學有道者其孰能與於此若邦有道而無可行之學邦無道而無能守之道是則可恥之甚也

子曰不在其位不謀其政

節釋曰謀議也不在其位則不謀其政此爲無官守者言也伊川程子曰若君大夫問而告者則有矣

子曰師摯之始關雎之亂洋洋乎盈耳哉摯音至雎七余切

集曰師摯魯樂師名摯也亂樂之卒章也史記曰關雎之亂以爲風始洋洋美盛意孔子自衛反魯而正樂適師摯在官之初聲樂之盛如此洋洋乎盈耳哉蓋美之也

晦庵朱氏 南軒張氏曰聖人自衛反魯然後樂正雅頌各得其所至於聲音則師

子曰狂而不直侗而不愿悾悾而不信吾不知之矣華實傳之侗音通悾音空

集曰侗無知貌愿謹厚也悾悾無能貌吾不知之者甚絶之之辭晦庵朱氏狂侗悾悾本非美質然狂而直侗而愿悾悾而信於其不可取之中猶有可取者焉若不直不愿不信則是巧僞生於其間併與可取者而亡之是不足望也故曰吾不知之矣本南軒張氏說

子曰學如不及猶恐失之

節釋曰言人之爲學汲汲皇皇常若不及而猶懼或失之此聖人勉人爲學之急也上蔡謝氏所謂如追寇讎者深得其旨矣

子曰巍巍乎舜禹之有天下也而不與焉（與去聲）

集曰巍巍高大之貌（何氏註）舜禹之有天下天與之人與之而吾心曷嘗有所與於其間哉此所以巍巍乎其不可及也（南軒張氏）

子曰大哉堯之爲君也巍巍乎唯天爲大唯堯則之蕩蕩乎民無能名焉巍巍乎其有成功也

煥乎其有文章

集曰則法也（孔氏註）蕩蕩廣遠之稱（包氏註）成功事業也煥者光明之象文章禮樂法度也道之高且大者莫如天堯之爲君獨能則之故其道之廣遠亦如天之不可以形容盡也然民雖無得而名而其所可見者則有巍然之功業煥然之文章爾功業文章即是道之發見者也（本晦庵朱氏說）

舜有臣五人而天下治武王曰予有亂臣十人

孔子曰才難不其然乎唐虞之際於斯爲盛有

婦人焉九人而已三分天下有其二以服事殷周之德其可謂至德也已矣治去聲

集曰五人禹稷契臯陶伯益也註孔氏亂治也或曰亂本作乿古治字也十人周公旦召公奭太公望畢公榮公太顛閎夭散宜生南宮适馬氏

註其一人邑姜也馬氏云其一人謂文母也劉侍讀以爲子無臣母之義蓋邑姜也九人治外而邑姜治内故亦以同於亂臣才難蓋古語而孔子然之也才者德之用也唐虞堯舜有天下之號際者交會之間晦庵朱氏舜有臣五人而周倍之則

周之人才又盛於唐虞之際矣然婦人居其一止有九人焉是才之難得也石林葉氏三分天下有其二以服事殷此蓋言文王也春秋傳曰文王率商之叛國以事紂時天下歸文王者六州荆梁雍豫徐楊也唯青兖冀尚屬紂耳朱氏文王之德足以代商天與之人歸之乃不取而服事焉所以爲至德也成都范氏孔子因論武王之事而有及於文王且與泰伯俱以至德稱之其旨微矣朱氏

子曰禹吾無間然矣菲飲食而致孝乎鬼神惡衣服而致美乎黻冕卑宫室而盡力乎溝洫禹吾無間然矣間並去聲菲音匪黻音弗洫呼域切

集曰間罅隙也無間謂無罅隙之可指也晦庵朱氏菲薄也致孝鬼神謂享祀豐潔馬氏註衣服常服黻蔽膝也以韋爲之冕冠也卑小也溝洫田間通水之道邢氏疏薄於自奉而所勤者民之事所致飾者宗廟朝廷之禮此所以無間然也再言之者蓋深美之也龜山楊氏

論語集説卷第四

論語集説卷第五

永嘉蔡節編

子罕第九 凡三十章

子罕言利與命與仁

集曰罕少也 晦庵朱氏 計利則害義命之理微仁之道大皆夫子所罕言也 伊川程子

又曰夫子與門人問答言仁尤其最切者而所記止於如此亦可謂之罕言矣況所言不過泛及爲仁之事至於仁之本體則未嘗直指以告人也 勉齋黄氏

達巷黨人曰大哉孔子博學而無所成名子聞之謂門弟子曰吾何執執御乎執射乎吾執御矣

集曰達巷黨名其人姓名不傳執專執也聖人道全德備不可以偏長目之達巷黨人見孔子之大意其所學者博而惜其不以一善得名於世蓋慕聖人而不知者也故孔子曰欲使我何所執而得名乎射御皆一藝而御爲人僕所執尤卑然則吾執御矣此雖聞人譽已承之以謙亦可見道

無乎而不在也晦庵朱氏河南尹氏

子曰麻冕禮也今也純儉吾從衆拜下禮也今拜乎上泰也雖違衆吾從下

集曰麻冕緇布冠也古者績麻三十升布爲之一升八十縷則其經二千四百縷矣細密難成純絲也絲易成故曰純儉儉約省也禮人臣當拜於堂下泰驕慢也時臣驕慢故拜乎上從下謂從下拜之禮也邢氏

疏 節謂麻冕固禮也今用絲則儉矣聖人所以從衆者取其儉也拜下亦禮也今拜

上則泰矣聖人所以違衆者惡其泰也衆人之所爲聖人或從之或違之亦曰酌夫禮之輕重而已矣東谷鄭氏曰禮莫大於分分莫大於君臣聖人欲明君臣之分故不得不違衆而從下拜之禮也然必舉純儉之從衆爲言何也其意不在純儉特以明夫違衆之心出於不得已焉耳

子絶四毋意毋必毋固毋我毋並音無

集曰絶無之盡者毋無通意者私意也必者期必也固者執滯也我者有己也毋意者渾然天理不任私意也毋必者隨事順理不先期必也毋固者過而不留無所執

滯也毋我者大同於物不私一身也一念之私意動於内而係於事故有必必則守而不移故有固固則不能忘己故有我必固我皆出於意故意爲之先而我復生意物欲牽引循環不窮矣夫子於此四者非待有所禁止蓋自無有耳晦庵朱氏成都范氏南軒張氏曰意與我相近必與固相類然而不同也意則發見而我則其所存也必則期於事之前固則滯於事之後也

又曰仲尼絕四自始學至成德竭兩端之教也橫渠張子節謂始學者則當絕去此

四事成德者則絶無此四事

子畏於匡曰文王既没文不在兹乎天之將喪斯文也後死者不得與於斯文也天之未喪斯文也匡人其如予何喪與並去聲

集曰匡地名史記曰陽貨曾暴於匡夫子貌似陽虎故匡人圍之晦庵氏畏者有戒心之謂藍田呂氏道之顯者謂之文上蔡謝氏兹此也夫子自謂也朱氏文王既没故夫子自謂後死者言天若欲喪此文則必不使我得與於此文今我既得與於此文則是天未欲

喪此文也天既未欲喪此文則康人其柰
我何言必不能違天害己也馬氏註
大宰問於子貢曰夫子聖者與何其多能也子
貢曰固天縱之將聖又多能也子聞之曰大宰
知我乎吾少也賤故多能鄙事君子多乎哉不
多也牢曰子云吾不試故藝大並音泰與平聲少失照切
集曰大宰官名或吳或宋未可知也牢姓
琴字子開一字子張孔子弟子註疏與疑辭
縱猶肆也言不爲限量也將殆也謙若不
敢知之辭少年少也鄙細也試用也不試

言不爲世用也大宰見夫子之多能疑其爲聖而問之子貢子貢告之以人之受才有限而夫子則不可以限量拘是天縱之殆聖而又多能也蓋聖無所不通多能乃其餘事耳夫子聞大宰之語姑以少賤能鄙事爲言又慮以聖爲必在乎多能故繼之曰君子多乎哉不多也不試故藝言功業不試故所見者藝而已門人載牢所記夫子之言于此申上章之意也晦菴朱氏　槃山黄氏

南軒張氏

子曰吾有知乎哉無知也有鄙夫問於我空空如也我叩其兩端而竭焉叩音口

集曰叩與扣通吾有知乎哉無知也者盡以告人也鄙賤也兩端上下始終本末精粗之類是也竭盡也夫子語門人謂爾以吾爲有知乎蓋無餘知也雖空空鄙夫有問於我我亦未嘗不叩其兩端而竭盡所知以告之也此章之意慮門人以聖道爲高妙而教之有隱也故即所以告鄙夫者以曉之耳本伊川程子南軒張氏說

子曰鳳鳥不至河不出圖吾已矣夫（夫音扶）

集曰鳳靈鳥河圖河中龍馬負圖皆聖王之瑞也已止也（晦庵朱氏）聖人斯言蓋見聖王之不作而道之終不行也故假鳳圖而興歎耳（南軒張氏）

子見齊衰者冕衣裳者與瞽者見之雖少必作過之必趨（齊音咨衰倉回切少失照切）

集曰齊衰喪服冕冠也衣上服裳下服冕而衣裳貴者之盛服也瞽無目者作起也趨疾行也（晦庵朱氏）聖人之心哀有喪尊有爵

矜不成人其作與趨蓋有不期然而然者成都范氏此皆自盡而已非為人故也龜山楊氏

顏淵喟然嘆曰仰之彌高鑽之彌堅瞻之在前忽焉在後夫子循循然善誘人博我以文約我以禮欲罷不能既竭吾才如有所立卓爾雖欲從之末由也已喟苦位切鑽祖官切罷部買切

集曰喟歎聲彌益也循循有次序貌誘引進也罷止也卓立貌末無也註疏仰之則彌高而不可及也鑽之則彌堅而不可入也瞻之在前忽焉在後見之未端的也此顏

子稱聖道之妙而求之未得其要也博文使致其知也約禮使謹於行也約禮即克己復禮之目夫子教人不過博文約禮二端循循善誘使由其序而進之此顏子稱聖人教以用力之地也欲罷不能行之力也既竭吾才力之盡也如有所立卓爾至是所造益深所見益親切也雖欲從之末由也巳是雖未達一間而又無所用其力也此顏子自言其學之所至也本晦菴朱氏說龜山楊氏曰自可欲之善至於充實而有輝光之大皆力行之積也大而化之則非力行所及矣節謂顏子

至是尤難爲功不特自無所用其力雖聖人亦無所容其力也東萊呂氏曰夫子之道於不可窮不可測之中而又有可至之理故循循善誘博文約禮則欲罷而不能於有所立有所見之中而又有不可及之妙故雖欲從之末由也已致堂胡氏曰此顔子學有所得自述其先難之故後得之由而歸功於聖人也反覆誦味此章則聖人之道之至與夫教人先後之序顔子學聖人始終之功可得而研求矣南軒張氏

子疾病子路使門人爲臣病間曰久矣哉由之行詐也無臣而爲有臣吾誰欺欺天乎且予與其死於臣之手也無寧死於二三子之手乎且

子縱不得大葬予死於道路乎間去聲

集曰疾甚曰病註包氏少差曰間註孔氏無寧寧也註馬氏詐謂作僞以欺人也禮大夫巳去位無家臣子路以夫子病亟欲使弟子行家臣禮以治其喪夫子病差始知其事故言由之行詐也久矣我之不當有家臣人皆知之不可欺也而爲有臣則是欺天而巳南軒張氏曰天即理也理不應有而強使之有故曰欺天成都范氏曰子路欲尊夫子而不知無臣之不可爲有臣是以自陷於行詐罪至欺天而莫之知也人而欺天莫大之罪引以自歸其責子

路深矣大葬謂君臣禮葬死於道路謂棄
而不葬又曉之以不必然之故本晦菴朱氏說
子貢曰有美玉於斯韞匵而藏諸求善賈而沽
諸子曰沽之哉沽之哉我待賈者也韞紆粉切匵徒木切賈公土切
集曰韞藏也匵匱也諸之也賈謂賈人知
物之善惡而能奠其賈者也即周禮司市
所謂賈民是也沽賣也子貢以夫子有道
不仕故設爲二端以問焉夫子言但當如
玉之待賈而不當求之耳沽之哉沽之哉

所以深斥求之之鄙也待賈之言義命皆
盡本馬氏註晦庵朱氏無垢張氏說

子欲居九夷或曰陋如之何子曰君子居之何陋之有

集曰東方之夷有九種陋僻陋也欲居九夷亦乘桴浮海之意或人未喻疑以爲陋不可居殊不知君子無入而不自得亦何陋之云乎晦庵朱氏南軒張氏

子曰吾自衛反魯然後樂正雅頌各得其所

集曰周衰詩樂失其傳而雅頌紊矣孔子

自衛反魯（在魯哀公十一年冬）取其言王政之所由廢興者爲雅美盛德之形容以其成功告於神明者爲頌於是雅頌各得其所而樂正矣（本鄭川史氏說）

子曰出則事公卿入則事父兄喪事不敢不勉不爲酒困何有於我哉

集曰困亂也（馬氏註）何有於我哉此聖人之謙辭也蓋於天理之當爲者求盡其道人情之易動者不踰其則雖聖人亦極乎是理而已夫子之教人每指而示之近（南軒張氏）

使夫資之下者可以勉思而企及而才之高者亦不敢易乎近矣（伊川程子）

子在川上曰逝者如斯夫不舍晝夜（夫音扶舍上聲）

集曰逝往也不舍晝夜者言與晝夜相循環而不舍也天地之化往者過來者續無一息之停其易見者莫如川流故聖人於此指以示人欲學者知無息之體而不使功力有毫釐之間斷也（本晦庵朱氏南軒張氏說）

子曰吾未見好德如好色者也（好去聲）

節釋曰以好色云者所以明其好之之篤

也好德如好色則其心誠於好德矣然未之見也此亦疾時人薄於德而厚於色也

子曰譬如爲山未成一簣止吾止也譬如平地雖覆一簣進吾往也簣竝求位切覆芳服切

集曰簣土籠也覆猶加也包氏註爲山而僅少一簣然止則無所望平地而方覆一簣然進則未可量止者吾自止也進者吾自往也進止係乎己而由人乎哉此所以喻夫學也學者能自強不息則積小以成大若中道而畫則前功盡棄矣本晦菴朱氏南軒張氏說

致堂胡氏曰顏淵曰舜何人也有爲者亦若是此吾往者也冉求曰非不説子之道力不足也此吾止者也

子曰語之而不惰者其回也與語去聲與平聲

集曰惰懈怠也晦庵朱氏回於夫子之言無所不説何有於惰建安游氏

子謂顏淵曰惜乎吾見其進也未見其止也

集曰此顏子既没之後夫子惜之之辭蓋其日進之功於聖爲幾矣然未至於聖則猶進進而不已焉故曰吾見其進也未見其止也本南軒張氏説

子曰苗而不秀者有矣夫秀而不實者有矣夫夫並音扶

集曰穀之始生曰苗吐華曰秀成穀曰實晦菴朱氏苗而不秀喻質美而不學者也秀而不實喻學而不至於道者也河東侯氏蓋苗必至於實然後可君子之於學亦然是故惡夫畫也河南尹氏

子曰後生可畏焉知來者之不如今也四十五十而無聞焉斯亦不足畏也已焉知之焉於虔切

集曰凡人進德必在於少壯之時言後生

之可畏亦焉知其來者之不能如今日蓋以其進未可量也然或不能彊學至於四十五十而於道無聞焉則終於此而已矣斯亦不足畏也聖人言此以警人使之及時而勉於學耳本晦菴朱氏說

子曰法語之言能無從乎改之爲貴巽與之言能無說乎繹之爲貴說而不繹從而不改吾末如之何也已矣說並音悅

集曰法語之言正言之也不背其言不若遂改其事巽與之言婉而導之也喜說其

說不若尋繹其意（河南尹氏）法言拒之而未從巽言語之而未說猶云可也其或從而說焉尚庶幾其能改繹矣說之而不繹從之而不改則是終不改繹也雖聖人亦無如之何矣（龜山楊氏）

子曰主忠信無友不如己者過則勿憚改

集曰重出而逸其半（晦庵朱氏）

子曰三軍可奪帥也匹夫不可奪志也

集曰帥將也（孔氏註）三軍雖衆其帥可奪者資諸人故也匹夫雖微其志不可奪者守

諸己故也（南軒張氏節）謂此章言三軍之帥尚或可奪以明匹夫之能守其志終不可得而奪耳

子曰衣敝緼袍與衣狐貉者立而不恥者其由也與不忮不求何用不臧子路終身誦之子曰是道也何足以臧（衣去聲緼紆粉切貉胡各切與平聲忮之豉切）

集曰敝壞也緼枲著也袍衣有著者也蓋衣之賤者狐貉以狐貉之皮爲裘蓋衣之貴者忮謂有害心也求謂有貪意也臧善也以惡衣爲恥學者之大病子路尚志而

忘物故能不耻此其過人遠矣不忮不求何用不臧此衛風雄雉之詩夫子引之以美子路夫能不忮求非不善也而子路終身誦之則非所以進於日新矣是道也何足以臧夫子所以激而進之本註疏晦菴朱氏南軒張氏說

子曰歲寒然後知松栢之後彫也

集曰春陽方盛草木榮華松栢之生無以異於衆草木至於歲寒草木零落而松栢乃青青而猶存故人知其後彫耳此喻君

子之守道不渝平時未易見惟於危亂險難之際斯可見之矣白石錢氏

子曰知者不惑仁者不憂勇者不懼知去聲

集曰惟心有以明理故不惑惟理有以勝情故不憂惟氣有以配道義故不懼晦庵朱氏

又曰仁者不憂知者不惑勇者不懼此德之序也知者不惑仁者不憂勇者不懼此學之序也伊川程子朱氏曰聖人成德以仁爲先此自誠而明也性也學者進德以知爲先此自明而誠也教也

子曰可與共學未可與適道可與適道未可與

立可與立未可與權

集曰可與者言其可與共爲此事也適之也晦菴朱氏節謂學者學乎是道也適道者之乎是道也立者之乎道而能有所立也權者權夫事事物物之輕重而合乎道之中也惟知所以求之故可與共學知所以行之故可與適道知所以持守之故可與立知所以變通之故可與權徒知求而不知行未可與適道也知行而不知守未可與立也知守而不知變而通之未可與權也

此是四等學力學者不可躐等而進也

又曰先儒誤以此章連下文唐棣之華通爲一章今從成都范氏分爲兩章朱氏

唐棣之華偏其反而豈不爾思室是遠而子曰未之思也夫何遠之有棣大計切華呼瓜切夫音扶

集曰唐棣郁李也偏不正也反背也而語助也唐棣之華偏其反而此逸詩也晦庵朱氏

偏其反而言唐棣之華或偏生而相背也平都李氏節謂上四句是詩文下繫以子曰者所以別詩文也詩人之意以華之相背與

室之相遠言吾豈不爾思徂室遠耳夫子借而反之曰未之思也夫何遠之有自未思言之則爲遠既思則近矣辭涵蓄而意蓋深遠也豈不爾思室是遠而此詩人因物以思人也未之思也夫何遠之有此夫子借詩以明道耳

鄉黨第十 凡一十八章

節釋曰夫子之道初不離乎日用之間惟其盛德之至動容周旋無不中於禮故言語容貌衣服飲食

朝聘擯相交際起居皆足以爲法
門弟子審視而詳記之有志於聖
人者可以觀矣鄉黨一篇或記夫
子之行或記夫子常所訓言云耳

孔子於鄉黨恂恂如也似不能言者其在宗廟
朝廷便便言唯謹爾朝與下大夫言侃侃如也
與上大夫言誾誾如也君在踧踖如也與與如
也（恂相倫切朝並直遥切便旁連切侃苦旦切誾魚巾切踧子六切踖子亦切與與平聲）
集曰鄉黨父兄宗族之所聚恂恂信實之
意似不能言者謙卑遜順不敢有所先也

晦庵朱氏宗廟朝廷禮法之所在便便威儀之習熟也言唯謹爾蓋謹而不放敬之至也本龜山楊氏句讀侃侃和樂貌誾誾中正貌孔氏註朝與下大夫言和樂而不亢與上大夫言中正而不阿東溪劉氏君在視朝也踧踖恭敬不寧之貌朱氏與與不迫遽貌玉藻所謂君子之容舒遲是也白石錢氏

君召使擯色勃如也足躩如也揖所與立左右手衣前後襜如也趨進翼如也賓退必復命曰賓不顧矣擯必刃切躩居縛切襜赤占切

集曰擯謂主國之君所使出接賓者也九賓

主各有副賓副曰介主副曰擯勃變色貌躩盤辟貌皆敬君命故也所與立謂同爲擯者也擯用命數之半如上公九命則用五人以次傳命揖左人左其手揖右人右其手一俛一仰而衣亦隨之襜如言其整而不亂也趨進翼如也者疾趨而進張拱端好如鳥之張翼也復反也顧還視也賓退必復命者敬終其事而紓君敬也賓不顧則禮成矣註疏

晦庵朱氏

南軒張氏

入公門鞠躬如也如不容立不中門行不履閾過位色勃如也足躩如也其言似不足者攝齊升堂鞠躬如也屏氣似不息者出降一等逞顔色怡怡如也沒階趨進（晦菴朱氏曰陸氏云趨下本無進字俗本有之誤也節疑是退字）翼如也復其位踧踖如也（閾況域切齊音咨屏必郢切降古巷切）

集曰鞠躬曲身也公門高大而若不容（若不足以容其身也）敬之至也中門謂當棖闑之間君出入處也履踐也閾門限也禮士大夫出入君門由闑右不踐閾立不中門避所尊

也行不履閾行以度也位君之虛位也謂門屛之間人君宁立之處所謂宁也君雖不在過之必敬不敢以虛位而慢之也其言似不足者不敢肆也攝摳也齊衣下縫也禮將升堂兩手摳衣使去地尺恐躡之而傾跌失容也屛藏也息鼻息出入者也屛氣似不息者屛藏其氣似無鼻息將近所尊心莊氣肅也等階之級也出降一等下階一級也逞放也怡怡和悅也逞顏色怡怡如者漸遠所尊舒氣解顏也沒階下盡階級也趨趨而

就位也位班位也没階趨則翼如復位則
踧踖如雖遠所尊未忘其敬也註疏晦菴朱氏南軒
張氏白石錢氏岷隱戴氏曰愈近君則心愈恭禮愈年故入門過位則言似不足
及其升堂則屏氣似不息出降一等稍遠君矣然後顔色怡怡
執圭鞠躬如也如不勝上如揖下如授勃如戰
色足蹜蹜如有循享禮有容色私覿愉愉如也
勝平聲蹜色六切覿徒歷切愉羊朱切
集曰圭諸侯命圭聘問鄰國則使大夫執
以通信如不勝所謂執主器執輕如不克
敬謹之至也上如揖上則舉手如揖下如

授下則平手如授（白石錢氏曰如以物授人也）此升降之容節也勃如戰色戰兢之色也蹜蹜舉足促狹也如有循禮所謂舉前曳踵言行不離地如緣物也此皆謂執圭時也享獻也既聘而享用圭璧有庭實覿見也既享有以私禮見也若一於莊則情不通矣有容色者和也愉愉則又和矣（註疏晦菴朱氏龜山楊氏）

君子不以紺緅飾紅紫不以爲褻服當暑袗絺綌必表而出之緇衣羔裘素衣麑裘黃衣狐裘褻裘長短右袂必有寢衣長一身有半狐貉之

厚以居去喪無所不佩非帷裳必殺之羔裘玄冠不以弔吉月必朝服而朝紺古暗切緅側由切褻私列切袗章忍切絺丑飢切綌去逆切麑研奚切袂彌弊切上長如字下長去聲貉曷各切去上聲殺所介切朝音潮

集曰言君子者凡君子皆當然也成都范氏紺深青揚赤色是青赤色也故爲齊服緅在纁緇之間邢氏䟽邢氏按考工記云三入爲纁五入爲緅七入爲緇註云染纁三入而成又再染以黑則爲緅緅今禮俗文作爵言如爵頭色也又復再染以黑乃成緇矣三年之喪以飾練服飾領袖緣也紺緅不以爲飾者爲其似齊服喪服也紅

紫間色不正褻服私居服也褻服不用則
正服可知孔氏註袗單衣也葛之精者爲絺
麤者爲綌謂以絺綌爲單衣也表而出之
謂先著裏衣表絺綌而出之於外欲其不
見體也詩所謂蒙彼縐絺者是也緇黑色羔黑羊麛鹿
子色白狐色黃凡服必中外之色相稱晦庵
朱氏故三者之衣各視其裘之色以爲之裼
記所謂麛裘絞衣裼之羔裘緇衣裼之狐
裘黃衣裼之是也石林葉氏邢氏曰緇衣羔裘是諸侯君臣日
視朝之服麛裘則在國視朔之服也卿大夫士皆然其受外國聘享亦用之黃衣狐

裘大蜡息民之祭服也葉氏曰麑裘亦施於視朝祭蜡狐裘亦施於燕居褻裘私居所著之裘也長之者主溫也袪著袖也短右袂者便作事也寢衣今之被也邢氏疏長一身有半此寢衣之制也南軒張氏居家居也河南尹氏裘以狐貉取其厚而溫也詩一之日于貉取彼狐狸爲公子裘者是也故爲燕居之服葉氏去除也凡帶必有佩玉唯喪否故去喪則無所不佩言非特玉而已若觿礪之類皆佩龜山楊氏朝祭之服裳用正幅如帷要有襞積而旁無殺縫飾謂裳猶今之裙也其餘若深衣要半

下齊倍要孔氏曰齊謂裳之下畔要謂裳之上畔言縫下畔之廣倍於要中之廣也齊音咨要平聲則無襞積而有殺縫矣朱氏鄭川史氏曰殺者銳上而廣下爲幅既多縫必殺之也喪主素故羔裘玄冠不以弔吉月月朔也朝服皮弁服言每朔日必服皮弁以朝於君也註疏

齊必有明衣布齊必變食居必遷坐齊並側皆切集曰明衣浴衣也明布浴布也白石錢氏齊欲其潔故衣布皆以明稱之東溪劉氏變食謂改常饌遷坐謂易常處也孔氏註節謂將以交於神明故雖衣布之末飲食之具寢處之

所皆有別於常時所以致其敬也

食不厭精膾不厭細食饐而餲魚餒而肉敗不食色惡不食臭惡不食失飪不食不時不食割不正不食不得其醬不食肉雖多不使勝食氣唯酒無量不及亂沽酒市脯不食不撤薑食不多食食不厭精之食食饐之食勝食氣之食並音嗣饐於冀切餲烏邁切飪而甚切勝量並去聲

集曰食飯也精鑿也魚肉之腥聶而切之爲膾食精則能養人膾麤則能害人故不厭其精細饐食之鬱積者也餲食之鬱積

而失味者也魚肉爛謂之餒肉外變謂之敗色惡謂凢物之色變而惡者也臭惡謂凢物之氣變而惡者也失飪謂失生熟之節不時謂非時之物此數者皆足以病人故不食割不正不食惡其刀匕之失度也食物用醬內則云雞醢醬魚卵醬鼈醢醬魚膾芥醬之類是也各有所宜不得其醬不食惡其不備也食以穀爲主故不使肉勝食氣飲酒不爲量但不使過醉而至於亂耳二者自爲之節也致堂胡氏曰亂者內昏其心志外喪其威儀沽市皆買也酒不自

作未必精潔脯不自作不知其爲何物之肉也此與康子饋藥不敢嘗同意撤去也薑去腥通氣故不去也不多食不過飽也註疏白石錢氏晦庵朱氏

祭於公不宿肉祭肉不出三日出三日不食之矣

集曰助祭於公所賜胙肉歸即頒之不俟經宿者重君之惠也家之祭肉則不過三日皆以分賜蓋過三日則肉必敗而人不食矣是褻鬼神之餘也但比君所賜胙可

以少綏耳晦菴朱氏

食不語寢不言雖蔬食菜羹瓜祭必齊如也席不正不坐上食如字下食音嗣齊則皆切

集曰答述曰語自言曰言晦菴朱氏聖人存心不他當食而食當寢而寢言語非時也成都范氏古人飮食每種必出少許置之豆閒之地以祭先代始爲飮食之人食必祭先農瓜菜必祭先圃示不忘本也齊莊敬貌聖人雖薄物必祭其祭必齊如敬心所存不以物而輕重也朱氏又曰雖蔬食菜羹瓜祭則明無不祭之食必

齊如也則明無不敬之祭席坐席也席不正不坐聖人之心無一而不安於正也上蔡謝氏范氏曰君子之所以養心體者未嘗不以正造次顛沛不可離也故割不正不食席不正不坐則事之不正不爲可知矣

鄉人飲酒杖者出斯出矣鄉人儺朝服而立於阼階儺乃多切朝音潮

集曰杖者謂老人也六十杖於鄉杖者出斯出矣不敢先之也龜山楊氏禮之有儺所以驅禳厲氣也朝服以臨之示敬也阼階廟之東階也禮記曰朝服立於阼存室神也蓋慮

祖考之靈或有恐怖欲其依已而安也白石

錢氏

問人於他邦再拜而送之康子饋藥拜而受之

曰丘未達不敢嘗

集曰饋遺也嘗試也再拜而送所以致禮於所問者也[redacted]洪氏凡賜食必嘗以拜藥未達則不敢嘗受而不飲則虛人之賜故告之如此然則可飲而飲不可飲而不飲皆在其中矣成都范氏

廄焚子退朝曰傷人乎不問馬

集曰廐公廐也[redacted]王氏傷害也不問馬一句記者之言也邢氏疏節謂以人爲重故問人而不問馬

君賜食必正席先嘗之君賜腥必熟而薦之君賜生必畜之侍食於君君祭先飯疾君視之東首加朝服拖紳君命召不俟駕行矣腥桑經切畜許六切飯扶晚切首去聲朝音潮拖徒我切召直照切

集曰君賜食必正席先嘗而後頒焉敬君之賜也腥生肉也薦進也薦之祖考也賜腥必熟而薦之榮君之賜也牲未殺曰生

畜養也賜生必畜之者待有事而後殺不以遺人不敢虛君之賜也東溪劉氏禮若賜之食而君客之命之祭然後祭先飯辯嘗羞飲而俟鄭氏曰辯音遍此云侍食於君不得祭也故君祭則已先飯若膳夫爲君嘗食然糜山黄氏視視其疾也君子寢必東首順生氣也東首者不以疾而改其常度也拖引也紳大帶也病不能興故加朝服而引大帶於上示不忘禮也白石錢氏俟猶待也君命召不俟駕言急趨君命也邢氏疏又曰先行而駕車隨之

入太廟每事問

說見八佾篇

朋友死無所歸曰於我殯朋友之饋雖車馬非祭肉不拜殯必刃切

集曰無所歸謂無親戚任之者殯斂也爲之治喪也朋友以道義相與者也其死也有所歸則已不得專無所歸則已得任之故曰於我殯朋友有通財之義車馬之重不拜祭肉則拜者敬其祖考同於己親也

白石錢氏晦菴朱氏東溪劉氏曰祭肉必拜孝敬之心一也

寢不尸居不容見齊衰者雖狎必變見冕者與瞽者雖褻必以貌凶服者式之式負版者有盛饌必變色而作迅雷風烈必變齊音咨衰倉回切饌雛晥切

集曰尸謂偃卧似死人也居家居也容容儀也寢不尸非謂其類於死也惰慢之氣不設於身雖舒布其四體而亦未嘗肆耳居不容非惰也但不若臨祭祀見賓客之時耳申申夭夭是也狎謂親狎必變者色變也褻謂數相見也貌謂禮貌也見齊衰者雖狎必變哀有喪也見冕者與瞽者雖

褻必以貌尊有爵恤不成人也白石錢氏曰以貌者見之必作之類也式車前橫木有所敬則俯而憑之負版持邦國圖籍者錢氏曰版者書邦國人民之數式凶服所以哀有喪式負版所以重民數此聖人在車之容也盛猶豐也饌具食也有盛饌必變色而作言敬主人之禮非以其饌也迅疾也烈猛也迅雷風烈必變者敬天之怒也記曰若有疾風迅雷甚雨則必變雖夜必興衣服冠而坐註疏成都范氏晦庵朱氏

升車必正立執綏車中不內顧不疾言不親指

集曰綏者挽以上車之索也內顧者回視也晦庵朱氏正立執綏則容正而體安不內顧以失容不疾言親指以惑衆櫟山黃氏成都范氏曰正立執綏則心體無不正以言君子之莊敬無所不在也

色斯舉矣翔而後集曰山梁雌雉時哉時哉子路共之三嗅而作共音拱嗅許又切

節釋曰色謂人之容色也舉謂飛而去之也翔回翔也集下止也梁橋也色斯舉矣翔而後集是乃形容雉之知所避就也曰山梁雌雉時哉時哉此夫子嘆辭也先二句是

敘其所因之事後二句是載其所嘆之辭言雉見人之容色動則飛而去之必回翔而後下止去不遲而就不亟茲其所以為時子路共之三嗅而作文疑有誤節謂共拱手也嗅疑作嘆子路聞夫子時哉之言拱手而起敬感雉之去就得時所以三嘆而作也未敢輕於改經姑闕之

集曰自孔子於鄉黨至誾誾如也言孔子言語之變自君在踧踖如也至私覿愉愉如也言孔子容貌之變自君子不以紺緅飾至齊必有明衣布言孔子衣服之變自齊必變食至席不正不坐言

孔子飲食居處之變自鄉人飲酒至不

親指言孔子事上接下處事應物之變

藍田呂氏

論語集說卷第五

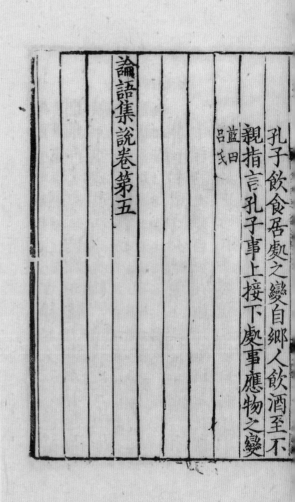

琅嬛奇珍

宋刊論語集説

下册

［宋］蔡節 編

中國書店

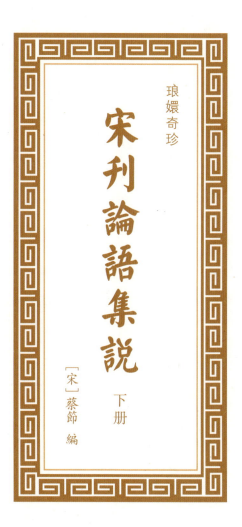

論語集説卷第六

永嘉蔡　節　編

先進第十一 九二十五章

子曰先進於禮樂野人也後進於禮樂君子也如用之則吾從先進

集曰先進後進猶言前輩後輩也用之謂用禮樂也 晦菴朱氏 先進之於禮樂有其誠意而質者也而世謂之野人後進之於禮樂習其容止而文者也而世謂之君子 明道程子 文而勝於質則有害於禮樂之實故聖人

思反本而有從先進之言南軒張氏

子曰從我於陳蔡者皆不及門也德行顏淵閔子騫冉伯牛仲弓言語宰我子貢政事冉有季路文學子游子夏從行並去聲

集曰從隨也是十人者皆從夫子戹於陳蔡者也時無在夫子之門者夫子不忘其相從於患難之中故云爾德行言語政事文學四科非夫子之言也門人因不及門之言而類記之其不從者不與也本成都范氏晦菴朱氏説

子曰回也非助我者也於吾言無所不說說音悅

集曰助我若子夏之起予因疑問而有以相長也無疑問則無相長之義故曰非助我者顏子於聖人之言心通自得無有疑問故夫子云然其辭若不足於回者其實乃深喜之也晦庵朱氏致堂胡氏曰夫子之於回豈真以助我望之蓋聖人之謙辭又以深贊顏氏云耳

子曰孝哉閔子騫人不間於其父母昆弟之言間去聲

節釋曰閔子騫之孝父母昆弟皆稱之而

人之稱之者亦無異於其父母昆弟之所稱也故曰人不間於其父母昆弟之言

南容三復白圭孔子以其兄之子妻之妻去聲

集曰詩曰白圭之玷尚可磨也斯言之玷不可爲也南容於此而三復焉蓋誠於謹言者此邦有道所以不廢邦無道所以免於刑戮故孔子以兄之子妻之河南尹氏成都范氏曰言者行之表行者言之實未有易其言而能謹於行者南容欲謹其言如此則必能謹其行矣

季康子問弟子孰爲好學孔子對曰有顏回者

好學不幸短命死矣今也則亡（好並去聲）

集曰哀公康子問同而對有詳略者臣之告君不可不盡若康子者必待其能問乃告之此教誨之道也（成都范氏）

顔淵死顔路請子之車以爲之椁子曰才不才亦各言其子也鯉也死有棺而無椁吾不徒行以爲之椁以吾從大夫之後不可徒行也

集曰顔路顔淵之父名無繇鯉孔子之子伯魚也椁外棺也請車爲椁欲賣車以買椁也徒行謂徒步而行也孔子時已致仕

尚從大夫之列言後者謙辭也晦庵朱氏人子之才不才雖異父之愛子則均也鯉雖不可以並淵然於夫子則子也其死也無椁則亦已矣淵雖賢而其葬也亦稱家之有無而已又何必強爲之椁乎大夫不可徒行也夫子不得舍車於鯉則亦不得舍車於淵矣夫豈爲一車惜哉南軒張氏

顔淵死子曰噫天喪予天喪予喪並去聲

集曰噫傷痛聲包氏註孔子於顔淵之死自悼道之無傳若天之喪已也河南尹氏再言之

者痛惜之甚也何氏註

顔淵死子哭之慟從者曰子慟矣曰有慟乎非夫人之爲慟而誰爲慟徒貢切從去聲夫音扶爲去聲

集曰慟哀過也從者弟子也夫人謂顔淵也註疏有慟乎蓋哀傷之至不自知其慟也河南尹氏非夫人之爲慟而誰爲言其死可惜哭之宜慟非他人之比也晦菴朱氏致堂胡氏曰痛惜之至施當其可皆情性之正也

顔淵死門人欲厚葬之子曰不可門人厚葬之

子曰回也視予猶父也予不得視猶子也非我

也夫二三子也夫音扶

集曰喪具稱家之有無顔子簞瓢陋巷死而門人欲厚葬之不循理也夫子雖言其不可而不得專其事其曰回也視予猶父也予不得視猶子也非我也夫二三子也歎不得如葬鯉之得宜以責門人也本成都范氏晦庵朱氏說

季路問事鬼神子曰未能事人焉能事鬼敢問死曰未知生焉知死焉於虔切

集曰此切問也晦庵朱氏幽明之理一也能盡

事人之道則能盡事鬼之道矣死生之理一也知所以生之道則知所以死之道矣或言夫子不告子路不知此乃所以深告之也本伊川程子說

閔子侍側誾誾如也子路行行如也冉有子貢侃侃如也子樂若由也不得其死然行胡浪切樂音洛

集曰行行剛彊之貌鄭氏註四子天下之英才也於侍側之際其所形見皆其力分之所至夫子所樂者樂得英才而教育之也子路剛彊有不得其死之理故夫子因以

戒之其後子路卒死於衛孔悝之難龜山楊氏

晦庵朱氏　楊氏曰君子所謂得其死者非必考終命而後爲得也死於義而巳若比干諫而死孔子謂之仁人是也子路爲孔氏宰食焉而不避其難義也孔悝被刼而盟子路往救之救而不獲亦可以死矣以孔子不爲衛君言之亦可以無死矣然由之不得其死也亦志於仁而巳無惡也雖不足以成仁與夫求生以害仁者有間矣

又曰此章子樂下脫子曰二字

魯人爲長府閔子騫曰仍舊貫如之何何必改作子曰夫人不言言必有中夫音扶中去聲

集曰長府藏名藏貨財曰府爲即改作也

仍因也貫事也言必有中者中於理也註疏

貨財之府無故改作非但勞民傷財得無示人以崇利之意乎故夫子聞閔子之言而善之南軒張氏

子曰由之瑟奚爲於丘之門門人不敬子路子曰由也升堂矣未入於室也

集曰奚何也邢氏疏子路之在孔門雖其學有所至然氣質剛勇變之有未能盡者故見於鼓瑟之際亦然奚爲於丘之門夫子所以警子路而進之也門人不敬子路是

未達聖人抑揚之旨矣升堂入室喻造道之淺深夫自得其門而入以至於升堂其用力亦至矣特未極夫閫奧之地耳由室而言在堂者則爲未至由宮牆之外而望其升堂者不亦有間乎聖人斯言非惟發明子路之學亦使門人知學之有序也本南軒張氏說

子貢問師與商也孰賢子曰師也過商也不及曰然則師愈與曰過猶不及上與如字下與平聲

集曰子張才高意廣而好爲苟難故常過

子夏篤信謹守而規模狹隘故常不及晦庵朱氏過與不及爲未得其中則均也南軒張氏天台陳氏曰觀檀引子夏子張除喪之事與後篇論交事便見二子過不及處

季氏富於周公而求也爲之聚斂而附益之子曰非吾徒也小子鳴鼓而攻之可也爲去聲

集曰周公以王室至親有大功位冢宰其富宜矣季氏以諸侯之卿而富過之非攘奪其君則刻剥其民耳冉有爲季氏宰乃急賦稅以益其富此所以得罪於聖門也非吾徒絶之也小子鳴鼓而攻之使門人

聲其罪以責之也晦庵朱氏林氏曰上二句記者坐冉有之罪而後記夫子之言

柴也愚參也魯師也辟由也喭辟婢亦切喭五旦切

集曰柴姓高名柴字子羔孔子弟子何氏註

愚戇也魯鈍也喭粗俗也辟猶便辟之辟

愚則不足於知魯則不足於敏辟則不足於誠喭則不足於和晦庵朱氏洪氏此皆氣稟之偏夫子言之使矯厲而擴充之也南軒張氏

子曰回也其庶乎屢空賜不受命而貨殖焉億則屢中屢良遇切中去聲

集曰庶庶幾也屢數也命天命也貨殖貨財生殖也億以意度之也空者意必固我不留於中也顔子之庶幾於聖人者以其屢空也言屢則有時而不空矣未若聖人之純也子貢以貨殖爲心而不能安受天命然知識所及料事而多中焉亦其資稟之高也本南軒張氏龜山楊氏說張氏曰賜之貨殖豈如他人哉未免有意於豐約之間也節謂使顔子涵養之純無一毫意必固我之累則造於聖矣子貢而不以貨殖累其心則亦必能窮理而樂天矣聖

門學者惟子貢資稟亞於顏子故夫子每
每對言之皆所以勉之也
子張問善人之道子曰不踐迹亦不入於室
節釋曰踐者實履也室者閫奧也子張之
行好高而不務實乃問善人之道夫子以
爲苟不踐善人之迹則亦不能入於善人
之室矣
子曰論篤是與君子者乎色莊者乎與如字
集曰論篤者言之篤厚也明道程子君子謂言
行相稱者色莊謂外爲矯飾言與行違者

南軒張氏夫子以爲言論未足以取人也苟惟論之篤厚者是與其與君子者乎其與色莊者乎色莊者亦固有篤厚之論如究其實必躬行君子而後可也東溪劉氏

子路問聞斯行諸子曰有父兄在如之何其聞斯行之冉有問聞斯行諸子曰聞斯行之公西華曰由也問聞斯行諸子曰有父兄在求也問聞斯行諸子曰聞斯行之赤也惑敢問子曰求也退故進之由也兼人故退之

集曰諸之也邢氏疏聞義固當勇爲然有父

兄在則必稟命而後行有不可得而專者子路勇於爲義於其所當爲者不患其不爲也特患其不知稟命耳若冉求資稟失之於弱不患其不稟命也患於其所當爲者逡巡退縮而爲之不勇耳聖人一進之一退之所以約之於義理之中而使無過不及之患也南軒張氏

子畏於匡顏淵後子曰吾以女爲死矣曰子在回何敢死女音汝

集曰或曰匡人之難夫子與顏子相失顏

子在後及至夫子曰吾以女爲死矣此驚喜之辭也夫患難之際先後不相及死與不死焉可必哉然可以死可以無死君子不貴於徒死也夫子不見顏子雖以爲憂顏子豈不審夫子之在否而輕用其死故曰子在回何敢死致堂胡氏曰先王之制民生於三事之如一惟其所在則致死焉況顏淵之於孔子恩義兼盡又非他人之爲師弟子者比孔子不幸而遇難回必捐生以赴之矣夫子而在則回何爲而不愛其死以犯康人之鋒乎

季子然問仲由冉求可謂大臣與子曰吾以子爲異之問曾由與求之問所謂大臣者以道事

君不可則止今由與求也可謂具臣矣曰然則從之者與子曰弑父與君亦不從也大臣與之與從之者與之與並平聲餘如字

集曰季子然季氏之子弟也與者疑而未定之辭也邢氏疏異非常也曾猶乃也季然自多其家得臣二子故有是問夫子小之以爲不足問也所謂大臣者以道事君不可則止言不枉道以徇人至其不合則有去而已由求爲季氏之臣坐觀其失進不能正退不能去龜山楊氏曰如季氏旅於泰山而不能救將伐顓臾

二臣皆不欲而不能諫是也直備臣數耳故曰具臣夫

二子雖不足於大臣之道然其於君臣之義則聞之熟矣弑逆大故必不從也●蓋深許二子以死難不可奪之節而又以陰折季氏不臣之心也南軒張氏晦庵朱氏張氏曰弑父與君不必由求而知不從矣然世之順從者其始也惟利之徇而已未遽有悖逆作亂之心也履霜堅冰之不戒馴習蹉跌以至於從人而爲逆者多矣此二子所以爲賢與

子路使子羔爲費宰子曰賊夫人之子子路曰有民人焉有社稷焉何必讀書然後爲學子曰是故惡夫佞者費音祕夫並音扶惡去聲

集曰賊害也夫人之子指子羔也邢氏疏子羔學未充而遽使爲宰其本不立而置之於事繁責重之地將反害之也故夫子有賊夫人子之歎南軒張氏子路言費邑有民人而治之有社稷之神而事之治民事神於是而習是亦學也何必讀書然後爲學也邢氏疏而不知古者學而後從政未聞以政學也蓋君子之道本於修身而後及於治人其說具於方冊讀而知之然後能行何可以不讀書也子路乃欲使子羔以政爲

學失先後本末之序矣不知其過而以口給禦人故夫子惡其佞也成都范氏

子路曾皙冉有公西華侍坐子曰以吾一日長乎爾毋吾以也居則曰不吾知也如或知爾則何以哉子路率爾而對曰千乘之國攝乎大國之間加之以師旅因之以饑饉由也爲之比及三年可使有勇且知方也夫子哂之求爾何如對曰方六七十如五六十求也爲之比及三年可使足民如其禮樂以俟君子赤爾何如對曰非曰能之願學焉宗廟之事如會同端章甫願

爲小相焉點爾何如鼓瑟希鏗爾舍瑟而作對曰異乎三子者之撰子曰何傷乎亦各言其志也曰莫春者春服既成冠者五六人童子六七人浴乎沂風乎舞雩詠而歸夫子喟然歎曰吾與點也三子者出曾晳後曾晳曰夫三子者之言何如子曰亦各言其志也已矣曰夫子何哂由也曰爲國以禮其言不讓是故哂之唯求則非邦也與安見方六七十如五六十而非邦也者唯赤則非邦也與宗廟會同非諸侯而何赤也爲之小孰能爲之大坐才卧切長上聲毋與無同乘去聲饉音僅比

必二切哂詩忍切相去聲鏗苦耕切舍上聲撰
士免切莫音暮冠去聲沂魚依切雩音于夫三
子者之夫音扶非邪也與之與並平聲

集曰晳曾參父名點孔氏註夫子語四子言我雖曰一日長於女女勿以我長而難言也女平居則言人不已知如或有人知女則女將何所用之蓋使之盡言以觀其志也率爾輕遽之貌攝管束也二千五百人爲師五百人爲旅因仍也穀不熟曰饑菜不熟曰饉方向也謂向義也又曰能向義則能親其上死其長矣哂微笑也求赤點爾三何如孔子問

也方六七十里小國也如猶或也五六十里則又小矣足富足也俟待也以俟君子謙辭也又曰以子路見哂故其辭益遜宗廟之事謂祭祀也諸侯時見曰會衆見曰同端元端服章甫禮冠相贊君之禮者非曰能之願學焉願爲小相皆謙辭也又曰公西華志於禮樂之事嫌以君子自居故將言己志而先爲遜辭言未能而願學焉希間歇也鏗投瑟聲也作起也撰具也莫春季春三月也春服單袷之衣也浴盥濯也今上巳祓除是也沂水名在魯城南風乘風也舞雩祭天

禱雨之處有壇墠樹木也詠歌也兩非邪也與此曾晳問辭也下乃孔子答辭孰能爲之大言無出其右也晦庵朱氏節謂夫子始焉以仕於時者使四子言志而終焉乃深有取於樂道不仕之曾晳何耶蓋子路冉求公西華三子之志固皆體察其力之所至而爲是言然其涵泳之功少而作爲之念勝至若曾晳則異是矣其鼓瑟舍瑟之間門人記之如此其詳者蓋已可見其氣象之雍容暇豫矣言當莫春始和之時春

服既成之後沂水之上舞雩之下與冠者
五六人童子六七人既浴而風又詠而歸
詳味其言則見其心怡氣和無所係累期
與同志相從以樂聖人之道此夫子所以
加歎而獨許之與夫以才自見者三子之
志也以道自樂者曾晳之志也惜乎晳之
志雖大而行有不掩焉耳

顏淵第十二 凡二十四章

顏淵問仁子曰克己復禮爲仁一日克己復禮
天下歸仁焉爲仁由己而由人乎哉顏淵曰請

問其目子曰非禮勿視非禮勿聽非禮勿言非禮勿動顏淵曰回雖不敏請事斯語矣

集曰克勝也克己謂勝己之私也龜山楊氏復反也孔氏註禮者天則之不可踰者也仁者心德之全也目條件也勿者禁止之辭不敏者謙辭也事如事事之事晦庵朱氏南軒張氏節謂人有是心則有是仁有是身則有是欲欲踰其則而反害夫仁唯克去己之私欲以復於禮乃所謂仁也故曰克己復禮爲仁一日克己復禮云者言克己之功至也

克己之功至則一日之間私欲淨盡天理流行洞然八荒皆在我闥天下無一物不歸吾仁中矣其功用之速固如此也歸云者蓋一性本備萬物自私欲一蔽則物與我判然相離及夫蔽者既去離者不旋踵而歸焉爲仁由己而由人乎哉言用力在我而不係乎人也顔子之在聖門以好學稱其於天理人欲之辨巳洞然於胷中故夫子告之以此顔子聞言則喻而直請問其目非禮勿視非禮勿聽非禮勿言非禮

勿動四者克己之目也勿之一字夫子語顏子用力之要也視聽言動一於禮則爲仁矣顏子自知其能從事於斯故有請事斯語之對朱氏曰此章問答乃聖門傳授心法非至明不能察其幾非至健不能致其決故唯顏子得聞之耳

又曰顏淵問克己復禮之目子曰非禮勿視非禮勿聽非禮勿言非禮勿動四者身之用也由乎中而應乎外制於外所以養其中也顏淵事斯語所以進於聖人後之學聖人者宜服膺而勿失也

因箴以自警其視箴曰心兮本虛應物無迹操之有要視爲之則蔽交於前其中則遷制之於外以安其内克己復禮久而誠矣其聽箴曰人有秉彝本乎天性知誘物化遂亡其正卓彼先覺知止有定閑邪存誠非禮勿聽其言箴曰人心之動因言以宣發禁躁妄内斯靜專矧是樞機興戎出好吉凶榮辱惟其所召傷易則誕傷煩則支己肆物忤出悖來違非法不道欽哉訓辭其動箴曰哲

人知幾誠之於思志士勵行守之於爲順理則裕從欲惟危造次克念戰兢自持習與性成聖賢同歸（伊川程子）

仲弓問仁子曰出門如見大賓使民如承大祭已所不欲勿施於人在邦無怨在家無怨仲弓曰雍雖不敏請事斯語矣

集曰敬以持已則私意無所容矣恕以及物則私意無所施矣如是則天理流行内外一致而仁在我矣至於在邦在家無怨惡於我者則是敬恕之功而仁之效也（晦庵）

朱氏

司馬牛問仁子曰仁者其言也訒曰其言也訒斯謂之仁已乎子曰爲之難言之得無訒乎

訒並音刃

集曰司馬牛名犂向魋之弟孔子弟子訒忍也難也仁者心存而不放故其言若有所忍而不易發蓋其德之一端也夫子以牛多言而躁故告之以此使其於此而謹之則所以爲仁之方不外是矣牛意仁道至大不但如夫子所言故夫子又以爲之

難言之得無訒乎告之蓋心常存故事不苟事不苟故其言自有不得而易者欲使司馬牛深省乎難而勉之也晦庵朱氏南軒張氏曰人之易其言者以其未知用力也知用力則言之敢易乎哉故仁者之於言無不訒蓋知其事之無不難也朱氏曰牛之爲人如此若不告之以其病之所切而泛以爲仁之大槩語之則以彼之躁必不能深思以去其病而終無自以入德矣聖人之言雖有高下大小之不同然切於學者之身而爲入德之要則初無以異也

司馬牛問君子子曰君子不憂不懼曰不憂不懼斯謂之君子已乎子曰内省不疚夫何憂何懼省息井切疚居宥切夫音扶

集曰疚病也向魋作亂牛常憂懼故夫子以不憂不懼告之牛未及乎此也乃疑此未足以盡君子之道故復告之以內省不疚言由其平日自省於中不愧不怍則自無憂懼未可遽以爲易而忽之也晦庵朱氏

司馬牛憂曰人皆有兄弟我獨亡子夏曰商聞之矣死生有命富貴在天君子敬而無失與人恭而有禮四海之內皆兄弟也君子何患乎無兄弟也

集曰亡無也牛有兄弟而云然憂其爲亂

而將死也晦庵朱氏以傳考之桓魋嘗欲弑宋公而殺孔子其惡著矣其弟子頎子車亦與之同惡此牛之所以憂也子夏告之以死生有命富貴在天死生曰有命以言其氣也當順其所禀而已富貴曰在天以言其理也當安其所遇而已皆非人力所能與也本横渠張子上蔡謝氏說苟能持已以敬而不間斷接人以恭而有節文則天下之人皆敬而親之矣何患乎無兄弟耶子夏欲寬牛之憂而爲是不得已之辭讀者不以辭害意可也朱氏　致堂胡氏曰子夏四海皆兄弟之言持以廣司馬牛之意意圓而語滯

者也子夏知此而以哭子喪明溺於情而昧於理是亦不能踐其言耳

子張問明子曰浸潤之譖膚受之愬不行焉可謂明也已矣浸潤之譖膚受之愬不行焉可謂遠也已矣譖並莊蔭切愬並蘇路切

集曰譖者毀人之行也如水之浸潤漸而不驟則聽者不覺其入而信之深矣愬者愬已之冤也愬兼譖意如膚理之受病利害切於其身則聽者不及致詳而發之暴矣於是二者而不行焉非明者不能也然巧於譖愬者終求以動乎人之聽而吾心之明

久而或虧焉則其言將有時而得行矣故明必遠之爲貴也遠者明之至也一言之不足而至於再言之不徒取其明而又取乎明之遠聖人警學者之意深矣本晦菴朱氏說

成都范氏曰譖愬不行可謂明且遠矣未若譖愬不至之爲難也

子貢問政子曰足食足兵民信之矣子貢曰必不得已而去於斯三者何先曰去兵子貢曰必不得已而去於斯二者何先曰去食自古皆有死民無信不立去並上聲

節 釋曰制其田產薄其賦斂則食足而有

以養乎民矣比其什伍時其簡教則兵足而有以衛乎民矣兵食旣足則民信乎其上曾無疑貳離叛之心此則爲政之大端也夫政固不外乎兵食與信然以三者權之無食則民飢而死矣無信則民離而國不能以自立矣而兵則猶可緩也故曰去兵以食與信二者權之死者人之所不免而信則不可一日無也故曰去食是則食重於兵而信又重於食矣去兵去食云者非謂兵食果可去也特以輕重相權以明

夫信之終不可去耳比而明之叩而竭之
此聖門弟子所以爲善問與晦庵朱氏曰以序言之則食爲先以理言之則信爲重
棘子成曰君子質而已矣何以文爲子貢曰惜
乎夫子之說君子也駟不及舌文猶質也質猶
文也虎豹之鞹猶犬羊之鞹鞹並其郭切
集曰棘子成衛大夫夫子指子成也皮去
毛曰鞹討疏子成疾時人文勝而有去文從
質之言子貢惜其言之失謂出之於口而
駟馬不能追之也文質彬彬然後謂之君

子二者之不可相無大抵相若也若必欲
盡去其文而獨存其質亦如虎豹之鞟與
犬羊之鞟無以異也本晦菴朱氏說白石錢氏曰虎豹之皮
以其文之足貴也若去毛而爲鞟亦無異於犬羊之鞟矣
哀公問於有若曰年饑用不足如之何有若對
曰盍徹乎曰二吾猶不足如之何其徹也對曰
百姓足君孰與不足百姓不足君孰與足
集曰哀公魯君也用國用也盍何不也徹
通也周制一夫受田百畝與同溝共井之
人通力合作計畝均收大率民得其九公

取其一故謂之徹魯自宣公初稅畝則什又取其一故爲什取二也哀公以年饑用不足爲憂問於有若有若請專行徹法蓋欲公節用以厚民也公以有若不喻其旨復言二吾猶不足以示加賦之意有若謂百姓足矣君孰與不足耶百姓苟不足孰肯與君以自足耶蓋深明君民一體之義以止公之厚斂循其本而言之也使哀公思夫二之猶不足而有若乃欲損之以爲足國之道在是則庶知爲政所當損益者

矣本晦菴朱氏南軒張氏說天台陳氏曰哀公之問在於足國有若之對在於足民雖相反而實相成年饑用不足哀公但知爲國之病而不知民之病尤甚民之休戚即國之休戚也能行徹法以足民國用之足在其中矣

子張問崇德辨惑子曰主忠信徙義崇德也愛之欲其生惡之欲其死既欲其生又欲其死是惑也誠不以富亦祇以異惡去聲

集曰崇德辨惑脩身切要之務也以忠信爲主而見義則徙焉則本立而用日新矣此德之所以崇也人之死生有命豈容我欲之乎溺於愛惡之私謂彼之死生可以

隨己之所欲虛用其力而實無所損益於彼可不謂惑乎南軒張氏晦菴朱氏張氏曰推此一端則凡欲之而妄者皆惑也誠不以富亦祇以異此小雅我行其野之詩也富益也東溪劉氏節謂夫子引是詩以明其人愛惡如是誠不以爲有益亦祇以自取異而已龜山楊氏曰堂堂乎張也難與並爲仁矣則非誠善補過不蔽於私者故告之如此

齊景公問政於孔子孔子對曰君君臣臣父父子子公曰善哉信如君不君臣不臣父不父子不子雖有粟吾得而食諸

集曰齊景公名杵臼君君臣臣父父子子人道之大經盡矣政者正此而已景公失政而大夫陳氏厚施於國公又多內嬖而不立太子故夫子告之以此惜其雖善夫子之言且知君臣父子不正之患而不思有以正之蓋從而不改者其後果以繼嗣不立啓陳氏簒弑之禍矣本晦庵朱氏說

子曰片言可以折獄者其由也與子路無宿諾折之舌切與平聲

集曰片言猶一言也白石錢氏折斷也宿留也

猶宿怨之宿急於踐言不留其諾也晦菴朱氏

節謂獄之難折而子路能以片言折之者蓋其見明而信著有以得其情而服其心故不假多言也子路無宿諾一句乃門人因夫子之言而記此以明之言子路平日於人無所欺故人亦無敢欺之也

子曰聽訟吾猶人也必也使無訟乎

集曰訟者人有所爭而訟之公也聽謂受而决之也聽訟者治其末塞其流也正其本清其源則無訟矣聖人之聽訟夫豈易

及而曰吾猶人者蓋不貴於能聽而貴於使之無訟也本西山真氏成都范氏說

子張問政子曰居之無倦行之以忠

集曰居謂存諸心無倦則終始如一行謂發諸事以忠則表裏如一晦菴朱氏

子曰博學於文約之以禮亦可以弗畔矣夫

集曰此亦夫子所常言故又見於此成都范氏

子曰君子成人之美不成人之惡小人反此

集曰成者誘掖獎勸以成其事也晦菴朱氏君子充其忠愛之心於人之美其樂之如在

已也扶持而勸獎之唯欲其美之成也於人之惡則從而正救之正救之不可則哀矜之唯恐其惡之成也若小人則以刻薄爲心幸人之有過而疾人之勝己非徒坐視其入於惡又從而濟之非徒欲其美之不成又從而毀之君子小人之用心未嘗不相反也南軒張氏節謂君子長善而救失樂與人爲善者也小人反是

季康子問政於孔子孔子對曰政者正也子帥以正孰敢不正帥朔律切

集曰未有已不正而能正人者也成都范氏致

堂胡氏曰魯自中兼政由大夫家臣效尤據邑背叛不正甚矣故孔子以是告之欲康子以正自克而改三家之政惜乎康子溺於利欲而不能也

季康子患盜問於孔子孔子對曰苟子之不欲雖賞之不竊

集曰民聽於上不從其令而從其所好苟子之不貪欲則民自不爲盜矣雖賞之亦不竊也尚何盜之足患耶邢氏疏致堂胡氏曰季氏竊

柄康子奪嫡民之爲盜固其所也盍亦反其本耶孔子以不欲啓之其旨深矣

季康子問政於孔子曰如殺無道以就有道何

如孔子對曰子爲政焉用殺子欲善而民善矣君子之德風小人之德草草上之風必偃焉於虔切

集曰就成也子指康子而言也偃仆也邢氏

疏節謂康子之意蓋欲以殺而止姦孔子言子爲政焉用殺子而欲善則民亦化之而善矣君子之德猶風也小人之德猶草也風行而草必偃以德爲化亦猶是也

又曰季康子所問者三夫子對之言雖異而理則一要不出乎澄源正本而已矣謙齋李氏

子張問士何如斯可謂之達矣子曰何哉爾所謂達者子張對曰在邦必聞在家必聞子曰是聞也非達也夫達也者質直而好義察言而觀色慮以下人在邦必達在家必達夫聞也者色取仁而行違居之不疑在邦必聞在家必聞夫並音扶好下行並去聲

集曰聞謂人知之達謂道行於家邦也質朴也慮念慮也聞之與達二者相似而實不同乃誠僞之所以分學者不可不審也

子張務外夫子已知其發問之意乃反詰

之將以發其病而藥之也內主忠信而所行合宜審於接物而卑以自牧河南尹氏曰慮以下人不自矜高也皆自脩於內不求人知之事然德脩於己而人信之則所行自無窒礙矣色以取仁而行實背之又自以爲是而無所忌憚此不務實而專務求名者故虛譽雖隆而實德則病矣南軒張氏晦菴朱氏天台陳氏曰聞者有意求名而實不副之達者有意務實而名自歸之此二者正相反蓋色取仁而行違則必不能質直好義居之不疑則必不能察言觀色慮以下人此聞達之所以分

又曰學者須是務實不要近名有意近

名大本已失更學何事爲名而學則是僞也今之學者大抵爲名爲名與爲利雖清濁不同然其利心則一也伊川程子

樊遲從遊於舞雩之下曰敢問崇德脩慝辨惑子曰善哉問先事後得非崇德與攻其惡無攻人之惡非脩慝與一朝之忿忘其身以及其親非惑與慝吐得切三與字並平聲

集曰慝字從匿從心蓋惡之匿於心者脩者治而去之也致堂胡氏先事後得猶言先難後獲也晦菴朱氏攻治也忿怒也親謂父母也

崇德脩慝辨惑切己之務也樊遲於遊息之時而問乃及此聖人所以善之邢氏疏天台陳氏爲所當爲而不計其功則德日積而不自知矣專於治己而不責人則己之惡無所匿矣朱氏感物而易動者莫如忿一朝之忿忘其身以及其親惑之甚者也能辨之於早則不至大惑矣故懲忿所以辨惑也成都范氏

樊遲問仁子曰愛人問知子曰知人樊遲未達子曰舉直錯諸枉能使枉者直樊遲退見子夏

曰鄉也吾見於夫子而問知子曰舉直錯諸枉能使枉者直何謂也子夏曰富哉言乎舜有天下選於衆舉皋陶不仁者遠矣湯有天下選於衆舉伊尹不仁者遠矣問知之知並去聲知人之知平聲鄉去聲陶音遙遠並如字

節釋曰愛人仁之用也知人知之用也夫子因樊遲仁知之問而告以愛人知人此特言仁知之用爾遲於知人之對而未達失知之旨復告以舉直錯諸枉能使枉者直是又極言知人之功用也遲猶有疑而

訪之子夏子夏聞夫子之言而有富哉之歎因即舜湯知人之事以明之言皐陶伊尹舉於上而不仁者自無所容是知知人之一事誠知之大者與龜山楊氏曰舜有五臣而天下治而獨曰舉皐陶者蓋使舜從欲以治四方風動不犯于有司亦惟皐陶而已不仁者遠其在茲乎

子貢問友子曰忠告而善道之不可則止無自辱焉告工毒切道去聲

集曰友所以輔仁故盡其心以告之善其說以道之然以義合者也故不可則止若

以數而見疏則自辱矣晦菴朱氏

曾子曰君子以文會友以友輔仁

集曰會聚也輔者左右翼助之意南軒張氏又曰非但切磋之益從容浹洽相觀而善亦是也君子以文會友將以友而輔吾之仁也東萊呂氏節謂君子以朋友講習故文所以會友責善朋友之道故友所以輔仁

論語集說卷第六

論語集說卷第七

永嘉蔡　節　編

子路第十三凡二十章

子路問政子曰先之勞之請益曰無倦勞去聲

集曰詩曰弗躬弗親庶民弗信先之也易曰君子以勞民勸相勞之也正已之行而率之之謂先因民之事而勉之之謂勞東溪劉氏先之則民知所從勞之則民知所勸子路猶以爲未足而請益焉故夫子以無倦終之欲其於斯二者持之以久也東谷鄭氏武

夷吳氏曰勇者喜於有爲而不能持久故夫子益之以無倦

仲弓爲季氏宰問政子曰先有司赦小過舉賢才曰焉知賢才而舉之曰舉爾所知爾所不知人其舍諸焉於虔切舍上聲

節釋曰有司衆職也先有司委任而責成之也過失誤也賢謂有德才謂有能也有司必先之則各知展布而舉其所職矣小過必赦之則各知懲創而效其所長矣賢才必舉之則德者能者集於上而共成其治矣仲弓惟慮無以盡得夫賢才故夫子

告以姑自舉其所知則其所不知者人將舉之而不肯舍矣仲弓所言是以一己之所知爲知也夫子所言是以衆人之所知爲知也

子路曰衛君待子而爲政子將奚先子曰必也正名乎子路曰有是哉子之迂也奚其正子曰野哉由也君子於其所不知蓋闕如也名不正則言不順言不順則事不成事不成則禮樂不興禮樂不興則刑罰不中刑罰不中則民無所錯手足故君子名之必可言也言之必可行也

君子於其言無所茍而已矣中並去聲

集曰衛君出公輒也迂謂遠於事情野謂鄙俗晦庵朱氏不中謂刑罰失當錯置也茍茍且也邢氏疏輒子而蒯聵父父子爭國逆天理亂人倫君臣父子之名不正矣故孔子爲政必以正名爲先子路以爲迂而難行孔子責其識見之鄙不能闕疑而率爾妄對於是歷言名之不可以不正槃山黃氏朱氏蓋名不當其實則言不順言不順則無以考實而事不成龜山楊氏事不成則無序而不和

故禮樂不興禮樂不興則必從事於刑罰故刑罰不中刑罰不中則民無所錯其手足矣成都范氏東溪劉氏曰孔子爲政不至於與禮樂錯刑罰不止也子路果欲捨正名而爲政其將以立事乎與禮樂乎清刑罰乎名一不正則是數者皆不能以有行也故名之必可言言之必可行君子於其言其可以苟乎哉東谷鄭氏集曰衛世子蒯聵恥其母南子之淫亂欲殺之不果而出奔靈公欲立公子郢郢辭公卒夫人立之又辭乃立蒯聵之子輒以拒蒯聵夫蒯聵欲殺其母得罪於父而輒據國以拒父皆無父之人也其不可有國也明矣使夫子當時果爲政於衛其將周旋於聵

輒之間使輒辭位而納蒯聵則輒無拒父之名蒯聵思得罪之由而不受其遜則聵無爭國之醜請命於天子立郢而君之允合國人之情而不廢靈公之命名正而言順矣致堂胡氏黃氏

樊遲請學稼子曰吾不如老農請學爲圃曰吾不如老圃樊遲出子曰小人哉樊須也上好禮則民莫敢不敬上好義則民莫敢不服上好信則民莫敢不用情夫如是則四方之民襁負其子而至矣焉用稼好並去聲夫音扶襁居丈切焉於虔切

集曰種五穀曰稼種蔬菜曰圃老農老圃謂老於爲農圃者襁織縷爲之以約小兒

於背故曰襁負（註疏）樊遲蓋欲爲許行之學與民並耕者也然不知有大人之事有小人之事故夫子以小人譏之而有及於禮義信之語（晦庵朱氏曰農圃小人之事也禮義信大人之事也）上之所好下之所從也上好禮則篤乎恭遜故民視之而莫不尊敬焉上好義則動而得宜故民心爲之厭服焉上好信則誠意下孚故民亦用其情而無敢欺焉感應之機固不遠也是非徒有以得其國之民四方之人亦將願爲之氓矣其與役心於稼圃

所得孰多耶然必俟其出而後言者何也因其有問也自謂老農老圃之不如則固已拒之矣遲不知復問慮其終不喻也故又申言以警之槃山黃氏南軒張氏龜山楊氏

子曰誦詩三百授之以政不達使於四方不能專對雖多亦奚以爲使去聲

集曰使謂奉命出使也專主也詩本人情該物理可以驗風俗之盛衰見政治之得失其言温厚和平長於風喻故誦之者必達於政而能專對也晦庵朱氏苟授之以政而

不達是不能有行也使於四方而不能專
對是不能有言也窮經將以致用旣不能
行之又不能言之則其所學者章句之末
爾雖多不足貴也成都范氏伊川程子
子曰其身正不令而行其身不正雖令不從令並去聲
集曰令教令也何氏註從違之本不係乎令
係乎吾身之正不正爾南軒張氏
子曰魯衛之政兄弟也
集曰魯周公之後衛康叔之後本兄弟之

國是時衰亂政亦相若兄弟之云蓋歎之也晦庵朱氏東溪劉氏曰此言魯衛節不但爲兄弟之國其政亦兄弟也

按史記載此語在魯哀公衛出公之年時魯之君不君臣不臣衛之父不父子不子二國之政無大相遠故夫子云然其後哀公孫邾出公奔宋皆死於越

子謂衛公子荆善居室始有曰苟合矣少有曰苟完矣富有曰苟美矣少音小

集曰荆衛公子也居室者處家也邢氏疏合者財之聚也完者物之備也美者用之飾

也洪氏苟者苟且粗足之謂也平都李氏自合進而完自完進而美必善乎其事者也致堂胡氏然於其合也完也美也而皆曰苟焉隨其所寓而無容心於其間非賢而能之乎本南軒張氏說凡物欲之移人未嘗不以其漸能戒於始有而不能戒於少有能戒於少有而不能戒於富有終亦必後而已矣今每進而未嘗爲之變此所以爲善居室南山王氏

子適衛冉有僕子曰庶矣哉冉有曰既庶矣又何加焉曰富之曰既富矣又何加焉曰教之

集曰孔子之衛冉有爲僕以御車也庶衆也言人民庶繁也加益也邢氏疏庶矣而不富則無以養民之身故必制田里薄賦斂以富之富矣而不教則無以養民之心故必立學校明禮義以教之晦庵朱氏庶矣則富之富矣則教之聖人仁民之意無窮而施之有其序也南軒張氏曾氏曰庶矣哉一言人多以爲常談而置之冉有乃能再問以究其說然後知既庶矣則當富之既富矣則當教之至於教之則不可以有加矣

子曰苟有用我者朞月而已可也三年有成朞居

之切

集曰苟誠也邢氏疏朞月謂周一歲之月也可者僅可之辭晦庵朱氏朞月而可言綱紀布也三年有成言治功成也伊川程子孔子嘆當時莫能用已也故云然河南尹氏

子曰善人爲邦百年亦可以勝殘去殺矣誠哉是言也勝平聲去上聲

集曰善人爲邦以善化民者也槃山黃氏百年相繼而久也晦庵朱氏勝殘謂化殘暴之人使不爲惡也去殺謂不用刑殺也王氏註積善

人百年涵養之功而後可以勝殘去殺矣

黄氏節謂古有是言夫子引以實之蓋深明夫爲邦者之不可要近效也

子曰如有王者必世而後仁

集曰王者謂聖人受命而興也三十年爲一世仁謂風移俗易而天下莫不歸於仁也此非仁心涵養之深仁政薰陶之久何以能致邢氏疏晦庵朱氏南軒張氏節謂善人涵養至於百年王者化成又曰必世蓋其化有淺深故其效有遲速也

子曰苟正其身矣於從政乎何有不能正其身

如正人何

集曰政之本在身身正則政立矣其身不正未有能正人者也河南尹氏

冉有退朝子曰何晏也對曰有政子曰其事也如有政雖不吾以吾其與聞之朝音潮與去聲

集曰退朝謂冉有從季氏自魯君之朝而退也周氏註　鄭氏註謂冉有臣於季氏故以爲季氏之朝諸儒多祖鄭氏之說節請卿大夫有家爾季氏魯卿也安得謂之朝耶此必魯君之朝也按左氏傳魯哀公十一年齊伐魯季孫使冉求從於朝俟於黨氏之溝冉有爲季氏家臣固無朝魯君之理然以此考之乃從季氏自魯朝而退也觀有政一言其爲公朝又可知矣

晏晚也以用也邢氏疏節謂大者爲政小者爲事冉有退朝夫子異其晚而問之冉有以有政對夫子不謂之政而謂之事者禮大夫雖不治事猶得與聞國政夫子嘗爲魯大夫如其有政尚得以與聞之今不得而與聞必其事而已味夫子之言意不但辨政與事之不同蓋亦有所譏矣

定公問一言而可以興邦有諸孔子對曰言不可以若是其幾也人之言曰爲君難爲臣不易如知爲君之難也不幾乎一言而興邦乎曰一

言而喪邦有諸孔子對曰言不可以若是其幾也人之言曰予無樂乎爲君唯其言而莫予違也如其善而莫之違也不亦善乎如不善而莫之違也不幾乎一言而喪邦乎幾並居希切易喪並去聲樂音洛

集曰幾近也邢氏疏三桓之僭至定公時極矣四分公室而有之魯君惴惴之心無日不在三桓也以一言而可以興邦喪邦爲問其意深矣夫子知其意則以爲一言之發而邦遽興喪不可若是其近也爲君難

爲臣不易人固有是言也如知爲君之難也則兢業以持之不敢有玩易之心未有不自是而興邦者也此其所以爲近也予無樂乎爲君唯其言而莫予違也晦庵朱氏曰言他無所樂唯樂此耳人固有是言也如言善而莫之違則固善矣如言之不善而莫之違則忠言不至於耳君日驕而臣日謟未有不自是而喪邦者也此其所以爲近也一言之美惡邦未必可以遽興喪也而興喪之端實基於此聖人之言含蓄無弊旣曰爲君

難爲臣不易必曰如知爲君之難也而後以爲幾焉旣曰唯其言而莫予違必曰如不善而莫之違也而後以爲幾焉亦可見立言之審矣東谷鄭氏晦庵朱氏成都范氏上蔡謝氏南軒張氏永嘉戴氏曰克艱乃致易之原也受逆乃得順之門也人情見美而心好即安而意悅常欲以易求易而不知其難以順求順而不知其逆也故因一易造百難因一順生衆逆此不可不謹也

葉公問政子曰近者說遠者來葉舒涉切說音悅

集曰被其澤則說聞其風則來然必近者說而後遠者來也晦庵朱氏

子夏爲莒父宰問政子曰無欲速無見小利欲速則不達見小利則大事不成父音甫

集曰莒父魯邑名鄭氏註欲事之速成則反不達見小利而苟就焉則反以害大事矣晦菴朱氏子夏規模近小故夫子告之以此蓋欲務其遠者大者也石林葉氏

葉公語孔子曰吾黨有直躬者其父攘羊而子證之孔子曰吾黨之直者異於是父爲子隱子爲父隱直在其中矣葉舒涉切語爲並去聲

集曰直躬直身而行者有因而盜曰攘證

謂指其事而實之也邢氏疏父子相隱天理人情之正也故不求爲直而直在其中晦庵朱氏節謂證父攘羊則有反於天理而非所謂直矣世俗徇於事而昧於理乃指以爲直此夫子所以深辨之

樊遲問仁子曰居處恭執事敬與人忠雖之夷狄不可棄也

集曰居處平居之時也執事主執其事也與人交際乎人也仁人心也恭敬忠皆此心之存也之往也白石錢氏曰恭見於外敬存於中晦庵朱氏

節謂居處恭執事敬與人忠蓋心無乎而不在也造次顛沛必於是不以之夷狄而棄之則持養既久無少間斷仁其在是矣

子貢問曰何如斯可謂之士矣子曰行已有恥使於四方不辱君命可謂士矣曰敢問其次曰宗族稱孝焉鄉黨稱弟焉曰敢問其次曰言必信行必果硜硜然小人哉抑亦可以爲次矣曰今之從政者何如子曰噫斗筲之人何足算也

行已之行如字使弟行並去聲硜苦耕切筲所交切算悉亂切

集曰果必行也硜硜堅確之意小人言其

識量之淺狹也（晦庵朱氏）噫心不平之聲斗量名容十升筲竹器容斗二升斗筲之人言鄙細也算數也（鄭氏註漢書傳贊算作選顏曰選數也）子貢之意蓋欲皎皎之行聞於人者夫子告之以行已有恥使不辱命此則本立而能達於用者也宗族稱孝鄉黨稱弟此則本立而未見於用者也言必信行必果硜硜然小人哉此則於本於用雖無足觀然亦不害其爲自守三者之淺深雖不同凡皆務實之事故夫子隨其問而有取焉（或問硜硜小人

而亦可爲士何也朱氏曰彼其識量雖淺而非惡也至其所守雖規規於信果之小節然與夫誕謾苟賤之人則不可同年而語矣今之從政者蓋如魯三家之屬其志在於利祿故曰斗筲之人何足算也子貢之問每下夫子故以此警之本伊川程子晦菴朱氏說

子曰不得中行而與之必也狂狷乎狂者進取狷者有所不爲也狷並音絹

集曰中行者由中道而行也龔氏狂者志願太高而行不掩也狷者執守太固而知未明也聖人本欲得中行者而教之然中

行既不可得故思得狂狷之人也狂者進取則可與之爲善狷者有所不爲則不至於爲惡因其志節而裁抑激厲之猶可以進夫道非與其終於此而已也本晦庵朱氏說

子曰南人有言曰人而無恒不可以作巫醫善夫恒胡登切夫音扶

集曰南人南國之人也恒常久也巫所以交鬼神醫所以寄死生人而無恒雖巫醫之賤猶不可爲況其他乎孔子所以稱其言而善之晦庵朱氏

不恒其德或承之羞子曰不占而已矣恒胡登切

節釋曰上二句易恒卦九三爻辭也下繫以子曰者所以别易文也承受也羞辱也言人無恒德則羞辱有時而至占驗也夫子之意以爲無恒之人必受羞辱此理甚明人自不驗之耳苟知驗之則必能恒厥德而遠恥辱矣

又曰此章連上章諸家合爲一今從東溪劉氏分爲兩章

子曰君子和而不同小人同而不和

集曰可否相濟曰和彼此相比曰同和順理同徇情也東溪劉氏君子以道合主於和而已而未嘗以苟同也小人以利合苟於同而已亦安有所謂和哉櫟山黃氏

子貢問曰鄉人皆好之何如子曰未可也鄉人皆惡之何如子曰未可也不如鄉人之善者好之其不善者惡之好惡並去聲

集曰鄉人之善惡不同故其好惡亦異今有人焉其鄉人皆好之也夫使善人好之固可取也苟不善人而亦好之焉必其人

有詭隨徇俗之行也其鄉人皆惡之也夫使不善人惡之固無傷也苟善人而亦惡之焉必其人有崖異絕世之行也平都李氏故鄉人皆好之皆惡之其好惡未必當也未足以見其人也唯善人好之而不善人惡之則其爲君子也審矣南軒張氏

子曰君子易事而難説也説之不以道不説也及其使人也器之小人難事而易説也説之雖不以道説也及其使人也求備焉易並去聲説音悦

集曰器之謂隨其材器而使之也晦菴朱氏易

事者平恕之心也難說者正大之情也難事易說者反是君子所說者義理而已而非說人之說己也故說之不以道則不說所以爲難說若小人則徇一己之私而已順己則喜而不察其非道也所以爲易說君子不求備於人故使人則器之所以爲易事若小人則責人無巳心故使人必求備焉所以爲難事南軒張氏曰君子之心公而恕小人之心私而刻天理人欲之間每相反而已矣

子曰君子泰而不驕小人驕而不泰

集曰泰安舒也驕矜肆也君子循理故安舒而不矜肆小人逞欲故反是晦庵朱氏南軒張氏曰泰者心廣而體胖驕者志滿而氣盈也

子曰剛毅木訥近仁訥奴骨切

節釋曰剛則彊而不屈龜山楊氏曰剛則不屈於物欲毅則果而有立木則樸實東溪劉氏曰椎朴不文之謂木訥則遲鈍四者質之近乎仁者也仁任重道遠貴乎力行非柔懦巧辯者所能也南軒張氏曰剛毅木訥言其質也有是質而又從事於學焉然後可以至於仁矣

子路問曰何如斯可謂之士矣子曰切切偲偲

怡怡如也可謂士矣朋友切切偲偲兄弟怡怡偲並息兹切怡並與之切

節釋曰切切者誠意之懇到也偲偲者思慮之詳審也怡怡者意氣之平夷容色之和悦也此皆子路所不足故夫子因其問士而告之復借朋友兄弟以發明其旨所謂切切偲偲者若朋友之篤誠意審思慮以相成也所謂怡怡者若兄弟之平意氣和容色以相親也

子曰善人教民七年亦可以即戎矣

集曰即就也戎兵也包氏註教民者教之孝弟忠信之行務農講武之法則民知親其上死其長故可以即戎晦庵朱氏七年云者聖人度其時可矣伊川程子然善人教民七年之久而僅曰亦可以即戎言兵之不易也南軒張氏

子曰以不教民戰是謂棄之

集曰以用也民未之教而驅之戰則是棄之死地而已矣晦庵朱氏南軒張氏

憲問第十四凡四十七章

憲問恥子曰邦有道穀邦無道穀恥也

集曰憲原思名穀祿也邦有道不能行道以濟時而未免於素餐邦無道不能儉德以避難而未免於苟祿二者均之爲可恥也憲之狷介其於邦無道穀之可恥固知之矣至於邦有道穀之可恥則未必知也故夫子因其問而并告之以廣其志焉耳本晦庵朱氏說

又曰憲問獨不記姓豈自紀其所聞與凡問更端必題其人以别之而克伐怨

欲之問不題則憲之自記明矣東溪劉氏

克伐怨欲不行焉可以爲仁矣子曰可以爲難矣仁則吾不知也

集曰此亦原憲以其所能而問也克好勝也伐自矜也怨忿恨也欲貪欲也難謂用力之難也憲問有是四者能制之而不行亦可謂之仁否夫子止告之可以爲難而仁則不知也蓋仁則天理渾然自無四者之累不行不足以言之也晦庵朱氏伊川程子曰或曰四者不行固不得爲仁矣然亦豈非克己之事求仁之方曰克去己私以復乎禮則

私欲不留而天理之本然者得矣若但制而不行則是未有拔去病根之意而容其潛藏隱伏於胸中也豈克己求仁之謂哉學者察於二者之間則其所以求仁之功益親切而無滲漏矣

子曰士而懷居不足以爲士矣

集曰居謂意所便安處晦庵朱氏士志於道而巳居非所懷也粟山黃氏懷居者志不立矣其何以爲士乎南軒張氏

子曰邦有道危言危行邦無道危行言孫行孫竝去聲

集曰危峻厲也孫和婉也君子介然守道

不渝故其行不以邦之有道無道而改若言則有時而可孫焉南軒張氏有道之時言不危則非所以憂治世而警明主至於無道之時而危言以犯世之所忌則殆矣東溪劉氏危行非矯激也直道而已孫言非阿諛也辭不迫切而意已獨至是也危行所以潔身孫言所以遠害洪氏

子曰有德者必有言有言者不必有德仁者必有勇勇者不必有仁

集曰有德者和順積中而英華發外故必

有言自口耳得者徒言而已故不必有德仁者心無私累見義必爲故必有勇以血氣勝者徒勇而已故不必有仁晦庵朱氏東溪劉氏

南宮适問於孔子曰羿善射奡盪舟俱不得其死然禹稷躬稼而有天下夫子不答南宮适出子曰君子哉若人尚德哉若人适古活切羿音詣奡五報切盪土浪切

集曰南宮适即南容也羿有窮之君善射滅夏后相而篡其位其臣寒浞又殺羿而代之奡左氏傳作澆浞之子也盪行也力

能陸地行舟後爲夏后少康所誅禹平水土暨稷播種身親稼穡之事禹受舜禪而有天下稷之後至周武王亦有天下晦庵朱氏南軒張氏曰言禹稷之德而獨稱其躬稼者舉其行事之實也羿奡以力而亡禹稷以德而興适之云然其去取已審矣夫子雖不答可也及其出也則以爲君子以爲尚德所以深許之也槃山黃氏

子曰君子而不仁者有矣夫未有小人而仁者也夫音扶

集曰君子志於仁矣然斯須之間心不在

焉則未免爲不仁也若小人則戕賊陷溺之者深豈復有仁者哉南軒張氏

子曰愛之能勿勞乎忠焉能勿誨乎勞平聲

集曰愛而勿勞禽犢之愛也忠而勿誨婦寺之忠也東坡蘇氏愛而勞之以就其才則其爲愛也深矣忠而誨之以規其過則其爲忠也大矣東溪劉氏君子之於人忠愛之情篤故長善救失之意無窮已焉南軒張氏

子曰爲命裨諶草創之世叔討論之行人子羽修飾之東里子產潤色之裨婢之切諶時林切創初亮切論盧昆切

集曰裨諶以下四人皆鄭大夫世叔游吉也春秋傳作子太叔行人掌使之官子羽公孫揮也東里地名子産所居也爲命謂爲辭命也草略也創造也謂造爲草藁也討尋究也論講議也修飾謂增損之也潤色謂加以文采也鄭國之爲辭命必更此四賢之手而成詳審精密各盡所長是以應對諸侯鮮有敗事向使人執已見自恃其才或損益於一言必以爲歉議不克合其能斷國論乎夫子於此不獨稱鄭國之

能用賢又以見四子能協心以濟公家之事也晦庵朱氏檗山黃氏

或問子產子曰惠人也問子西曰彼哉彼哉問管仲曰人也奪伯氏駢邑三百飯疏食沒齒無怨言駢部田切食音嗣

集曰子西楚公子申也伯氏齊大夫駢邑地名齒年也註疏子產之政不專於寬然其心則一以愛人爲主故孔子以爲惠人蓋舉其重者言也楚公子申能遜楚國立昭王而改紀其政亦賢大夫也然不能革其

僣王之號昭王欲用孔子又沮止之其後卒召白公以致禍則其爲人可知矣彼哉者外之之辭威公奪伯氏食邑三百家以與管仲伯氏自知己罪而心服管仲之功雖窮約以終身而無怨言也（晦庵朱氏）蓋九合諸侯一正天下易而能服伯氏之心難故後言如其仁而此謂之人也（石林葉氏）

或問管仲子產孰優朱氏曰管仲之德不勝其才子產之才不勝其德然於聖人之學則槩乎其未有聞也

子曰貧而無怨難富而無驕易 易去聲

集曰貧逆境無怨則難富順境無驕則易

白石錢氏 富而無驕不矜於外物者能之至於

貧而無怨非內有所安者不能也 南軒張氏 勉

於其難而不忽於其易則可以處貧富矣

晦庵朱氏 張氏曰或謂世固有處貧賤而無失者特未見其失於外耳又焉能保其中之無怨耶蓋一毫有所不平于其中皆爲怨也故貧無諂易貧無怨難無怨則能樂矣 朱氏曰諂之病甚於怨無怨之難則甚於無諂

子曰孟公綽爲趙魏老則優不可以爲滕薛大夫 綽昌約切

集曰公綽魯大夫蓋廉靜寡欲而短於才者也趙魏晉卿之家老家臣之長優有餘也滕薛二國名大夫任國政者大家之老地閑事簡故公綽居之則有餘小國大夫職重事繁故公綽居之則不足本晦庵朱氏說龜山楊氏曰知之弗豫枉其才而用之則爲棄人矣

子路問成人子曰若臧武仲之知公綽之不欲卞莊子之勇冉求之藝文之以禮樂亦可以爲成人矣曰今之成人者何必然見利思義見危授命久要不忘平生之言亦可以爲成人矣知去

卞皮變切要於霄切

集曰成人猶言全人也武仲魯大夫臧孫紇也莊子魯卞邑大夫言有能兼四子之長知足以明理廉足以養心勇足以力行藝足以泛應而又節之以禮和之以樂使德成於内而文見於外其爲人也亦成矣然亦之爲言非其至者蓋就子路之所可及而語之也晦庵朱氏今之成人以下乃子路之言也致堂胡氏東谷鄭氏曰以何必然三字觀之必子路之言也見利思義臨財無苟得也見危授命臨難無

苟免也河南尹氏　或曰授與也言危難之事當死則死之若與彼命然故曰授久要舊約也平生平日也朱氏久要不忘平生之言信義不渝也槃山黄氏此蓋子路自言其善而爲此辭不復聞斯行之之勇而有終身誦之之固矣胡氏

子問公叔文子於公明賈曰信乎夫子不言不笑不取乎公明賈對曰以告者過也夫子時然後言人不厭其言樂然後笑人不厭其笑義然後取人不厭其取子曰其然豈其然乎厭並於艷切樂音洛

集曰公叔文子衛大夫公孫枝文謚也公明姓賈名亦衛人孔氏註夫子指文子也邢氏疏過謂過其實也厭謂厭其煩多也文子爲人其詳不可知衛人言其不言不笑不取意其必廉靜之士也孔子疑而質之公明賈賈謂告者之言失之過矣文子未嘗不言不笑不取也特是三者各當其可則人不厭而不覺其有是矣然此必盛德之至故發而皆中節也文子雖賢疑未及此聖人與人爲善不欲正言其非也曰其然

信其然則美矣曰豈其然乎恐其未能如是爾本晦庵朱氏說東坡蘇氏曰凡事之因物中理者人不知其有是也飲食未嘗無五味也而人不知者以其適宜而中度也飲食而知其有五味必其過者此文子所以得不言不笑不取之名也

子曰臧武仲以防求爲後於魯雖曰不要君吾不信也要平聲

集曰防地名武仲所封邑也爲後爲之立後也要有挾而求也晦庵朱氏左氏傳武仲出奔自邾如防使來告曰紇非敢害也知不足也非敢私請苟守先祀無廢二勳敢不辟邑乃立臧爲臧紇致防而奔齊臧武仲自邾入防卑辭請後疑

若非要君者然邑受之於君得罪出奔則後之立非已之所得專也而據邑以請非要君而何魯人從之亦不獲已爾孔子所以正其無上之罪而誅其意也成都范氏欒山黃氏

子曰晉文公譎而不正齊桓公正而不譎譎並古穴切

集曰晉文公名重耳齊威公名小白譎詭也二公皆諸侯盟主攘夷狄以尊周室者也輔庵朱氏以春秋温之會及首止之盟觀之可以辨二公之譎正矣晉文公當周室衰

弱之時温之會帥天下諸侯欲以朝王然召王而就之因以示彊大於諸侯上下之分紊亂甚矣是譎而不正也齊威公以惠王嬖於惠后之愛欲廢太子鄭而立王子帶遂會王世子于首止使天下曉然知世子之爲鄭公義所在惠王不得而私焉是正而不譎也春秋之書蓋亦屬辭比事也觀其曰會王世子于首止以直辭書之曰天王狩于河陽以婉辭書之亦可以求聖人之意矣槃山黃氏南軒張氏曰二君以功利爲心爲三王之罪人則

同然論其行事有譎正之異則晉文固下於齊桓矣

子路曰桓公殺公子糾召忽死之管仲不死曰未仁乎子曰桓公九合諸侯不以兵車管仲之力也如其仁如其仁子貢曰管仲非仁者與桓公殺公子糾不能死又相之子曰管仲相桓公霸諸侯一匡天下民到于今受其賜微管仲吾其被髮左衽矣豈若匹夫匹婦之為諒也自經於溝瀆而莫之知也糾並居黝切召音邵與平聲相並去聲被皮寄切衽而審切

集曰不以兵車言不假威力也晦庵朱氏如其

仁如其所成之仁也再言之者酌之之辭也白石錢氏相輔相也霸長也斥正也尊王室攘夷狄皆所以正天下也微無也衽衣衿也被髮左衽夷狄之俗也諒小信也經縊也匹夫匹婦徒執小信知有死而已莫之知者不知權其輕重有可以無死之義也朱氏節謂九合諸侯蓋衣裳之會自魯莊公十五年會鄄至僖公九年會葵丘凡九會是也穀梁傳云衣裳之會十有一註云魯莊公十三年會北杏十四年會鄄十五年又會鄄十六年會幽二十七年又會幽僖公元年會檉二年會貫三年會陽穀

五年會首止七年會寗毋九年會葵丘九十一會按左氏傳莊公十五年復會于鄄齊始霸也自此會至葵丘則爲九耳齊僖公薨子襄公立公子小白公子糾皆襄公庶弟也襄公無道鮑叔牙奉公子小白奔莒及無知弒襄公管夷吾召忽奉公子糾奔魯魯人納公子糾未克而公子小白自莒先入國人立之是爲威公使魯殺公子糾而請管召召忽死之管仲請囚鮑叔牙言於威公以爲相公子糾之爭國固不得爲是威公之殺公子糾其不仁亦甚矣春秋魯莊公九年書公伐齊納糾齊小白

入于齊齊人取子糾殺之致堂胡氏曰糾不書子者明糾不當立也以小白繫齊者明小白宜有齊也殺糾復稱子者明不當殺也子路與子貢意管仲不死公子糾之難而相威公背死從生不得爲仁也夫子歷言管仲有九合諸侯一正天下之功既曰如其仁如其仁又曰民到于今受其賜微管仲吾其被髮左衽矣皆所以深許之也至又言豈若匹夫匹婦之爲諒自經於溝瀆而莫之知夫不責管仲以死而許其功豈非以公子糾未嘗爲世子管召雖公子糾之傳而君臣之義

未正亦可以無死者與審校其本末夫子所以許管仲者可識矣

公叔文子之臣大夫僎與文子同升諸公子聞之曰可以爲文矣僎士免切

集曰大夫僎文子家臣公公朝也謚法有以錫民爵位曰文者註疏家臣之賤文子引之爲大夫與已同升於公朝有三善焉知人一也忘已二也事君三也謚之曰文不亦宜乎洪氏白石錢氏曰公叔文子之謚衛君特以其修班制交四鄰不辱社稷而謚之曰文夫子乃以大夫僎之同升爲文子之文斯當其實矣

子言衛靈公之無道也康子曰夫如是奚而不喪孔子曰仲叔圉治賓客祝鮀治宗廟王孫賈治軍旅夫如是奚其喪（夫音扶喪去聲）

集曰康子季康子也（邢氏疏）喪失位也仲叔圉孔文子也（晦庵朱氏）不有君子其能國乎言人才之足恃也以衛靈公之無道得三人者而任之交隣以修好奉先以報本整軍以禦侮相與持危而扶顛其不失國也宜矣（槃山黃氏朱氏曰三人者其才皆可用靈公用之又各當其才也）

子曰其言之不怍則爲之也難（怍在各切）

集曰怍慚也（馬氏註）大言不慙則無必爲之志而不自度其能否矣欲踐其言豈不難哉（晦庵朱氏）此二語夫子譏當時之人好大言而無實用者爾（明道程子）

陳成子弑簡公孔子沐浴而朝告於哀公曰陳恒弑其君請討之公曰告夫三子孔子曰以吾從大夫之後不敢不告也君曰告夫三子者之三子告不可孔子曰以吾從大夫之後不敢不告也（朝音潮告夫之夫並音扶）

集曰成子齊大夫名恒簡公齊君名壬討

謂討其罪也三子三家也之三子之之訓往臣弑其君人倫之大變天理所不容人人得而誅之況鄰國乎當陳成子弑逆之時孔子居魯雖巳告老猶沐浴而朝請於哀公以討之然政在三家哀公不得自專又不能自命三子詔以大義反使孔子往告之孔子以爲從大夫之後不敢不告也君曰告夫三子則是告哀公者夫子之志也告三子者非夫子志也君命也魯之三家即齊之陳氏其不欲討之明矣告夫三

子則事必不從然君命不可不致也而三子果以爲不可則復正言之以明弑君之賊法所必討大夫謀國義所當告況以君命之重雖欲不告而不可得已其所以警三子者深矣晦庵朱氏 槃山黄氏

子路問事君子曰勿欺也而犯之

集曰犯謂犯顔諫爭晦庵朱氏盡誠而不欺犯顔而納忠事君之義大要在是矣然勿欺其本也勿欺則誠信充積或不得已而犯之必有以感動也若誠信不足而於事君

之道未盡徒欲以犯顔爲事則鮮味矣以子路之剛果不患其不能犯也故告之以勿欺爲主焉南軒張氏

子曰君子上達小人下達

集曰上達謂君子循天理故日進乎高明也下達謂小人徇人欲故日流乎汙下也本横渠張子藍田呂氏說龜山楊氏曰孜孜爲善則爲舜非上達與孜孜爲利則爲跖非下達與

子曰古之學者爲己今之學者爲人爲並去聲

集曰爲己欲得之於己也爲人欲見知於

人也伊川程子聖人論學者用心得失之際未有若此之明切者於此辨別而省察之庶乎不昧於所從矣晦菴朱氏程子曰古之學者爲己其終至於成物今之學者爲人其終至於喪己

蘧伯玉使人於孔子孔子與之坐而問焉曰夫子何爲對曰夫子欲寡其過而未能也使者出子曰使乎使乎蘧音渠使並去聲

集曰伯玉衛大夫姓蘧名瑗孔氏註與之坐敬其主以及其使也夫子指伯玉也言欲寡其過而未能則其克己常若不及之意

可見矣南軒張氏曰夫欲寡過而未能非有志於克己者莫知此味也使者言無溢辭而意有餘味使者之言愈自卑約而其主之賢益彰亦可謂深知君子之心而善於辭令者矣故夫子再言使乎以重美之也晦庵朱氏致堂胡氏曰欲寡過未能乃伯玉心事而使者知之雖伯玉克己日新之符著見於外而使者亦可謂知德而能言矣

子曰不在其位不謀其政

集曰此夫子所常言也弟子各以所聞記之故又見于此成都范氏

曾子曰君子思不出其位

集曰位非獨禄位之稱凡思有所止而無所越皆爲不出其位也〔南軒張氏勉齋黄氏曰位身所處之地越所處而思則爲出位矣〕

子曰君子恥其言而過其行〔行去聲〕

集曰恥者不敢盡之意過者欲有餘之辭恥其言者常恐不及於行也過其行者常使有餘於言也〔晦菴朱氏勉齋黄氏曰言易放故當恥行難盡故當過〕

子曰君子道者三我無能焉仁者不憂知者不惑勇者不懼子貢曰夫子自道也〔知去聲〕

集曰言君子之道有三我皆不能也邢氏疏聖人責己所以勉人也成都范氏自道之道言也晦庵朱氏節謂子貢云夫子自言其平日所能行者爾

子貢方人子曰賜也賢乎哉夫我則不暇夫音扶

集曰方比也乎哉疑辭比方人物而較其短長則心馳於外而所以自治者踈矣晦庵朱氏賜也賢乎哉以方人爲能也夫我則不暇以治己爲急也二者之得失相去遠矣賜也宜知所擇焉東谷鄭氏東溪劉氏曰學道者汲汲乎治身

而已庸有暇於品藻乎

子曰不患人之不己知患其不能也

節釋曰知不知在人能不能在己已有能則人自知之矣故人之不己知非所患而己之不能則可患也

子曰不逆詐不億不信抑亦先覺者是賢乎

節釋曰先事而迎之之謂逆詐者計之詭者也以意而度之之謂億不信者言之妄者也不逆不億者誠也先覺者知也抑反語辭不逆詐不億不信是固誠於待人矣

然苟無先見之明則人之果詐也果不信也吾且受其欺矣故必曰先覺之是賢者以其燭理旣盡物無遁情猶鑑明于此而妍醜自不能隱也

微生畝謂孔子曰丘何爲是栖栖者與無乃爲佞乎孔子曰非敢爲佞也疾固也與平聲

集曰微生姓畝名包氏註栖栖猶依依也爲佞言務爲口給以悅人也疾惡也固執一不通也晦庵朱氏畝蓋遺世之士其視夫子轍環天下若栖栖然欲行其說固宜指以爲

佞也然槩以聖人之道猷之獨善其身無意於世亦固執而不知變爾果孰得孰失乎觀其名夫子而語之夫子卑辭以對蓋亦鄉黨有齒德者然道不同不相爲謀故言疾固以警之槃山黃氏

子曰驥不稱其力稱其德也驥几利切稱平聲

集曰驥善馬之名德謂調良也邢氏疏驥雖有力其稱在德人有才而無德亦奚足尚哉河南尹氏

或曰以德報怨何如子曰何以報德以直報怨

以德報德

集曰德謂恩惠也報復也鄭氏註以德報怨可謂厚矣然於其所怨者旣以德報之則人之有德於我者又將何以報之乎如是則怨德之報皆有不得其平者故必以直而報怨以德而報德而後二者之報各得其所然怨有不讎而德無不報則又未嘗不厚也朱氏晦庵節謂以直報怨云者亦曰報其所當報者爾

子曰莫我知也夫子貢曰何爲其莫知子也子

曰不怨天不尤人下學而上達知我者其天乎
夫音扶

集曰莫我知之歎所以發子貢之問也子貢以夫子之聖人何爲而不知之夫子語以不怨天不尤人惟下學人事而上達天理伊川程子曰下學人事便是上達天理南軒張氏曰天理初不外乎人事也篤於其在己者而已人雖曰不我知而天則知之也本南軒張氏横渠張子說節謂此亦夫子嘆當時莫能用己也故云然

公伯寮愬子路於季孫子服景伯以告曰夫子

固有惑志於公伯寮吾力猶能肆諸市朝子曰道之將行也與命也道之將廢也與命也公伯寮其如命何（朝音潮與並平聲）

集曰公伯寮字子周魯人也子服景伯子服氏景謚伯字魯大夫子服何也愬兼譖意以告以其事告孔子也夫子指季孫而言也肆陳尸也（鄭氏曰有罪既刑陳其尸曰肆）言欲使季孫誅寮（邢氏疏）莫之致而至者命也道之廢興一斷以命公伯寮何所與於其間哉（南軒）（張氏）聖人言此以曉景伯安子路而警公伯

寮耳晦庵朱氏

子曰賢者辟世其次辟地其次辟色其次辟言辟音避

集曰辟謂辟而去之也辟世天下無道則隱也辟地去亂國適治邦也辟色禮貌衰則去也辟言有違言則去也晦庵朱氏四者雖以大小次第言之然非有優劣也所遇不同耳明道程子

子曰作者七人矣

集曰李氏曰作起也白石錢氏曰作如言見幾而作之作

起而隱去者今七人矣不可知其爲誰以
上下文推之意其爲隱者而發耳晦庵朱氏
子路宿於石門晨門曰奚自子路曰自孔氏曰
是知其不可而爲之者與與平聲
集曰夜止曰宿石門地名晨門掌晨啓門
蓋賢者隱於抱關者也自從也問其何所
從來也是知其不可而爲之言孔子知世
之不可爲而强爲之者也晦庵朱氏節謂夫子
轍環天下非不知道之難行而皇皇於斯
世者亦以時無不可爲而道亦不可已也

子擊磬於衛有荷蕢而過孔氏之門者曰有心哉擊磬乎既而曰鄙哉硜硜乎莫己知也斯已而已矣深則厲淺則揭子曰果哉末之難矣荷去聲蕢奇愧切硜苦耕切莫己之己音紀餘音以揭起例切

集曰荷擔也蕢草器也此荷蕢者隱士也有心哉擊磬乎謂夫子異衛用已也鄙小也硜硜堅確之意斯已之已止也深則厲淺則揭廣韻云以衣渡水由膝以上爲厲褰衣渡水由膝以下曰揭此邶風匏有苦葉之詩也人不己知則當已亦猶深則當厲淺則當揭也果者果於忘

世也未無也晦庵朱氏夫子皇皇斯世孰爲己知所以轍環天下非得已而不已也心乎生民而已粱山黄氏自離世絕物者言世莫知而猶有求者宜其鄙且小也然斂一己以自善恝然棄天下而不顧亦果而已矣非聖人所難也夫子自魯之衛往返以見靈公者四固知靈公無道每遲留而不忍遽絕者亦曰盡吾心焉耳石林葉氏

又曰人雖不我知在夫子未始忘天下也時雖不可爲在夫子固有爲之之道

也東谷鄭氏

子張曰書云高宗諒陰三年不言何謂也子曰何必高宗古之人皆然君薨百官總己以聽於冢宰三年薨呼肱切

集曰高宗商王武丁也諒陰天子居喪之名言君薨則諸侯亦然總己謂總攝己職冢宰太宰也晦庵朱氏三年之喪自天子達子張非疑此也殆以爲人君三年不言則臣下無所稟令孔子告以聽於冢宰則非所患矣致堂胡氏

子曰上好禮則民易使也好易並去聲

集曰禮達而分定故民易使也上蔡謝氏

子路問君子子曰修己以敬曰如斯而已乎曰修己以安人曰如斯而已乎曰修己以安百姓修己以安百姓堯舜其猶病諸

集曰君子之道不越乎修己以敬而已蓋一於篤敬則修己之道盡推之家國以及於天下皆是道也極其至而天地位萬物育況於安人安百姓者乎修己以敬一語言君子之道本諸身理亦無不盡者子路

疑其未足則告之以修已以安人安人是已之所推而已又疑其未足則告之以修已以安百姓安百姓是安人之備者而已曰堯舜其猶病諸欲子路無忽於斯也允覆載之内堯舜固欲已之澤均被之也有未能焉是堯舜之所病也此修已以敬無窮意南軒張氏致堂胡氏曰可願莫如善敬立則百善從宜遠莫如邪敬立則百邪息故敬也者存心之要法撿身之切務也

原壤夷俟子曰幼而不孫弟長而無述焉老而不死是爲賊以杖叩其脛孫弟並去聲長上聲叩音口脛其定切

集曰原壤魯人孔子之故人也夷蹲踞也俟待也踞待孔子也幼少也長大也述猶稱也賊者害人之名叩擊也脛足骨也邢氏疏躳菴朱氏以杖叩其脛門人所記也猶指其掌之義岷隱戴氏禮記載原壤母死登木而歌夫子若弗聞而過之蓋老氏之流自放於禮法之外者見夫子來夷踞以待之夫子責之以其自幼至長無一善狀而久生於世徒足以敗常亂俗則是賊而已矣因以所曳之杖擊其脛使斂其足而不踞耳朱氏

闕黨童子將命或問之曰益者與子曰吾見其居於位也見其與先生並行也非求益者也欲速成者也益者與之與平聲

集曰闕黨黨名童子未冠者之稱將命謂出入傳賓主之言者也邢氏疏益進也或人疑此童子學有進益故孔子使之傳命夫子言童子坐則隅不敢居於位也行則隨不敢與先生並也今居位而並行是不止乎童子之所而自進乎成人之列有躐等之意無自卑之心非能以求益也是欲速

成爾故使之給使令之役觀長少之序習揖遜之容蓋所以抑而教之也南軒張氏晦菴朱氏

論語集說卷第七

論語集説卷第八

永嘉蔡節編

衛靈公第十五凡四十一章

衛靈公問陳於孔子孔子對曰俎豆之事則嘗聞之矣軍旅之事未之學也明日遂行在陳絶糧從者病莫能興子路慍見曰君子亦有窮乎子曰君子固窮小人窮斯濫矣陳從並去聲見賢遍切

集曰陳謂軍師行伍之列俎木器祭以薦肉者俎豆皆禮器絶乏也糧食也興起也固窮謂固守其困窮也濫猶泛溢謂失其

所守也衛靈公無道之君也復有志於戰伐之事與夫子之旨趣背馳夫子所以荅之者則以己之所學不在此而在彼也俎豆雖有司之事然實禮之所寓而教之所由興至若軍旅之事則非君子之所當先者矣以其言之不合也故明日遂行焉去衛適陳絶糧而從者病子路之愠以爲夫子之德之盛疑其不當窮也夫子荅以君子小人皆有窮時特君子能固守而小人則濫溢而爲非矣本註䟽河南尹氏南軒張氏晦菴朱氏説

子曰賜也女以予爲多學而識之者與對曰然非與曰非也予一以貫之女音汝識音志與並平聲

集曰子貢之學博矣夫子欲其知所歸也故設爲女以予爲多學而識之之問以發之子貢方信而忽疑蓋其學之所積至是將有得也意其於一事一物之中亦知夫理之各有攸當特未知衆理本一理耳故夫子以一貫告之其所謂一者則理而已其所謂貫則是理行乎事物之間而無有不通者也晦菴朱氏節謂一事一物莫不各有當然之理然衆理本一

理也能卽其理而求之則雖事事物物之萬殊而亦無所不通矣

又曰夫子於曾子不待問而直告之以一貫曾子復深喻之曰唯若子貢則先發其疑而後告之而子貢亦終不能如曾子之唯也二子所造有淺深夫子告之之意亦異於參也則以道言所以達其至於賜也則以學識言所以迪其歸各當其可而已河南尹氏南軒張氏

子曰由知德者鮮矣鮮上聲

集曰由呼子路之名而告之也晦菴朱氏知者

如飲食之知味也南軒張氏夫子每言吾未見好德如好色者也今文曰知德者鮮矣蓋謂人非但不能好德而能知德者亦鮮也惟其知之鮮故好之者未之見也若誠有以知之則亦誠有以好之矣欒山黃氏

子曰無爲而治者其舜也與夫何爲哉恭己正南面而已矣與平聲夫音扶

節釋曰無爲言不待有所作爲也恭己正南面言德容之盛無愧於居天子之正位也獨舉舜以爲言者舜紹堯之後法度彰

禮樂著盡循堯道任五臣之賢此其所以
能無爲也夫舜亦何所爲哉恭己正南面
而已矣所謂篤恭而天下平也
子張問行子曰言忠信行篤敬雖蠻貊之邦行
矣言不忠信行不篤敬雖州里行乎哉立則見
其參於前也在輿則見其倚於衡也夫然後行
子張書諸紳行篤敬之行行不篤敬之行並去聲貊亡百切參七南切夫音扶
集曰蠻南蠻貊北狄五家爲鄰五鄰爲里
萬二千五百家爲州行字猶曰不行於妻
子之行其者指忠信篤敬而言參言與我

相參也輿車輿也倚依也衡軛也紳大帶之垂者書諸紳以示不忘也子張之問意在得行於外故夫子反諸其身而言之言忠信則言有物行篤敬則行有恒以是而行雖之蠻貊可也反是則州里尚不可行況蠻貊乎參前倚衡言於忠信篤敬念念不忘隨其所在常若有見而未嘗相離一言一行自然無非忠信篤敬夫如是而後可行也註䟽晦菴朱氏南軒張氏伊川程子曰學要鞭辟近裏著已而已

子曰直哉史魚邦有道如矢邦無道如矢君子

哉蘧伯玉邦有道則仕邦無道則可卷而懷之卷音捲

集曰史官名魚衛大夫名鰌如矢言直也卷收也懷藏也晦庵朱氏史魚可以謂之直而已然知伸而不知屈未盡君子之道若蘧伯玉則能因時而屈伸故謂之君子南軒張氏

子曰可與言而不與言失人不可與言而與之言失言知者不失人亦不失言知去聲

集曰可與不可非知者孰能審之南軒張氏

子曰志士仁人無求生以害仁有殺身以成仁

集曰孟子曰士尚志非仁無守也非義無行也夫是謂之志士（龜山楊氏）仁人則成德之人也仁者心之德求生以害仁則身雖存而心之德亡矣殺身以成仁則身雖死而心德之全天理之正浩然充塞乎天地之間夫孰得而亡之哉仁人之於仁如飢食渴飲然也志士之於仁亦能擇而處之矣二者地位雖不同要皆知所取舍故求生害仁所必無也殺身成仁則有之矣言有者亦可見仁者未必皆殺身也（本晦庵朱氏南軒張）

氏説伊川程子曰實理得之於心自別實理者實見得是實見得非也古人有捐軀隕命者若不實見得惡能如此殺身成仁只是成就一箇是而已

子貢問爲仁子曰工欲善其事必先利其器居是邦也事其大夫之賢者友其士之仁者

集曰器利則事善所事者賢所友者仁南軒張氏賢以行言仁以德言輔仁之器孰利於此龜山楊氏

夫子所答爲仁之資而已伊川程子

顏淵問爲邦子曰行夏之時乘殷之輅服周之冕樂則韶舞放鄭聲遠佞人鄭聲淫佞人殆輅音路遠去聲

集曰行猶用也邢氏疏夏時謂以斗柄初昏建寅之月爲歲首也是月也得四時之始萬物初生之候故特有取焉晦菴朱氏曰天開於子地闢於丑人生於寅故斗柄建此三辰之月皆可爲歲首而三代迭用之夏以寅爲人正商以丑爲地正周以子爲天正也或曰商周之改正朔何以不如夏時之得其正也曰陽氣雖始於黃鍾而其月爲建子然猶潛於地中而未有以見其發生之功也歷丑轉寅而三陽始備於是叶風乃至盛德在木而春氣應焉以言乎天地則生物之功著以言乎人則作事之序明故以爲一歲之首焉此孔子所以有取於夏時也

輅者大車之名商輅木輅也周人飾以金玉則過於侈不若商輅之爲質也邢氏曰明堂位

曰大輅殷輅也鄭氏云大輅木輅也左氏傳曰大路越席昭其儉也周冕有五祭服之冠也冠上有覆前後有旒黃帝時已有之制度至周始備然其爲物小而加於衆體之上故雖文而不以爲過也韶舜樂名取其盡善盡美也鄭聲鄭國之音也佞人諂巧之人也放謂屏去之也遠謂斥絶之也淫亂也殆危也夏時商輅周冕韶樂此夫子斟酌四代帝王之制而從之以爲百王不易之大法然法度禮樂猶是也所以不能常保其治而亂亡隨之者鄭

聲佞人有以惑其耳目而蠱其心志也放鄭聲遠佞人而後四代之法度禮樂可以興行而無斁矣本晦菴朱氏説

子曰人無遠慮必有近憂

集曰先事而爲之慮遠慮也事至而後憂之近憂也用之陳氏惟遠慮者可以無近憂上蔡謝氏

子曰已矣乎吾未見好德如好色者也好並去聲

節釋曰夫子前既言吾未見好德如好色者也是猶幸其或見之也今又言已矣乎

吾未見好德如好色者也至是以其終未得見之故重爲之歎息云

子曰臧文仲其竊位者與知柳下惠之賢而不與立也者與之與平聲與立之與如字

集曰柳下惠魯大夫展獲字禽食邑柳下謚曰惠與立謂與之並立於朝也朱氏晦庵非其有而有之故曰竊位天位也當與賢者共之不可私而有也臧文仲居大夫之位知柳下惠之賢而不能薦之與並立於朝是竊據其位者也漢上朱氏

節釋曰公叔文子與大夫僎同升諸公夫子謂之文臧文仲知柳下惠之賢而不與立夫子謂之竊位二子之設心蓋有爲國爲已之不同也若文仲者有愧於文子多矣後之事君者宜以文子爲法文仲爲戒

子曰躬自厚而薄責於人則遠怨矣遠去聲

集曰躬身也邢氏疏人所以多怨者以不能自反而責望於人者厚也誠能薄於責人而厚於自責焉則怨自遠矣漢上朱氏

子曰不曰如之何如之何者吾末如之何也已矣

集曰天下之事當防微杜漸於未然之前故不曰如之何若至於已然橫流極熾無可柰何之後雖聖人亦無如之何矣故曰如之何者吾末如之何也已矣河東侯氏

子曰羣居終日言不及義好行小慧難矣哉好去聲慧胡桂切

集曰義者天理之公小慧則才知之私而已羣居之益爲夫講習於義理也若終日

之間不求爲義理之歸而相高以私知言行如是是難與共處也苟與之共處久則俱化矣本南軒張氏説晦菴朱氏曰言不及義則放僻邪侈之心滋好行小慧則欺僞巧詐之機熟

子曰君子義以爲質禮以行之孫以出之信以成之君子哉孫去聲

節釋曰君子所以制事者義而已故以義爲體禮以行之所以節此也孫以出之所以和此也信以成之所以實此也四者具故曰君子哉易曰敬以直内義以方外而此曰義以爲質蓋以制事而

言則以義爲體合敬義而言則以敬爲體義爲用讀者詳之

子曰君子病無能焉不病人之不己知也

集曰病猶患也邢氏疏人之病在不修己而好求人知故每言此以誨人也成都范氏

子曰君子疾没世而名不稱焉

集曰疾猶病也没猶盡也稱謂見稱於人也何氏註名者所以命其實也有實必有名君子學以爲己雖不求人之知然没世而名不稱焉則無爲善之實矣故君子疾諸南軒張氏成都范氏

子曰君子求諸己小人求諸人

集曰君子無適而非求諸己小人無適而非求諸人求諸己則德日進求諸人則欲日肆此君子小人所以分也（南軒張氏）

又曰君子雖不病人之不己知然亦疾没世而名不稱也雖疾没世而名不稱然所以求之者亦反諸己而已矣三者文不相蒙而義實相足此亦記言之意（龜山楊氏）

子曰君子矜而不爭羣而不黨

集曰矜矜莊也註包氏矜莊以自持則易以不和而失於爭羣居而相與則易以有比而失於黨君子非與人異也處己嚴而濟之以和故雖矜而不爭君子非與人同也待物平而行之以公故雖羣而不黨唯敬者能處此而勿失也南軒張氏

子曰君子不以言舉人不以人廢言

集曰言雖是而人則非故人不以言而舉者知人也人雖非而言則是故言不以人而廢者知言也石林葉氏岷隱戴氏

子貢問曰有一言而可以終身行之者乎子曰其恕乎己所不欲勿施於人

集曰學貴知要子貢之問可謂知要矣夫子恕之一言是乃求仁之方也河南尹氏推己之心以及物其爲用不窮故可以終身行之晦庵朱氏

子曰吾之於人也誰毁誰譽如有所譽者其有所試矣斯民也三代之所以直道而行也譽並平聲

集曰毁者惡未至此而過詆之譽者善未及此而驟稱之南軒張氏斯此也三代夏商周

也直道無私曲也（晦庵朱氏）節謂夫子言我之於人何所毀而何所譽乎其或有所譽者亦必有所試以驗其實矣今此之民也即三代之所以直道而行者也吾安得而容其私哉（朱氏曰聖人樂道人之善惡稱人之惡毀則必無也譽則或有之矣此所以言譽而不言毀）

子曰吾猶及史之闕文也有馬者借人乘之今亡矣夫（夫音扶）

集曰有馬者借人乘之此史之闕文也夫子謂始時猶及見此今則亡之無復古意

矣惜其以私見去之也槃山黃氏

子曰巧言亂德小不忍則亂大謀

集曰巧言之亂德以其不本於誠實也小不忍之亂大謀以其輕發於血氣也故迪德者以謹言爲先當大事者以懲忿爲本南軒張氏

子曰衆好之必察焉衆惡之必察焉好惡並去聲

集曰天下之善惡有若黑白之易明者衆之好惡固所同也然陳仲子之廉康章之不孝衆人之所惑而君子之所必察也取

於衆而察於獨善惡斯無遁矣南軒張氏

子曰人能弘道非道弘人

集曰弘者廓而大之也人心有覺道體無爲故人能大其道道不能大其人也晦菴朱氏

節謂夫子斯言蓋欲人以道爲己任爾

子曰過而不改是謂過矣

集曰過而能改則其過亡矣若過而不改則其過常存斯爲過矣南軒張氏

節謂夫子斯言豈曰有過而未謂之過必待不改而後謂之過耶蓋以過者人之所不免知過而

必改則爲可貴耳此所以誘夫人勇於改過也

子曰吾嘗終日不食終夜不寢以思句無益句不如學也

集曰學與思常相須此非以思爲無益也思至於忘寢與食而不以學先之則無益耳蓋學而後思則其思也有畔故思愈精而學愈明若不學而徒思祗見其汗漫而無所依據矣故曰不如學也即己而言所以教也本南軒張氏說

子曰君子謀道不謀食耕也餒在其中矣學也禄在其中矣君子憂道不憂貧餒奴罪切

節釋曰謀者有所思爲也餒飢也此言君子當以謀道爲心而不當以謀食爲心以謀食爲心譬之耕者本以求食也然歲有凶荒而餒存焉則有時而不得食矣以謀道爲心雖非所以求禄也然修其天爵而人爵從之學之既充鮮有不得夫禄者由此言之則君子之所憂者在不得乎道而巳而貧非所憂也

子曰知及之仁不能守之雖得之必失之知及之仁能守之不莊以涖之則民不敬知及之仁能守之莊以涖之動之不以禮未善也知去聲涖力至切

集曰涖臨也謂臨民也動之謂動民也猶曰鼓舞而作興之云爾晦菴朱氏知及仁守莊涖動禮爲政始末伊川程子節謂此言政理也知及之所見明徹也仁守之所行堅定也莊以涖之則表儀正矣禮以動之則風化形矣知及之固有以得夫爲政之理仁不

能守之則必失之矣知及之仁能守之則理明而政立矣然臨民者不以莊則民慢其上而政不行矣知及之仁能守之莊以涖之固足以爲政矣然動民者不以禮而民未至於化焉則亦非政之善者也

子曰君子不可小知而可大受也小人不可大受而可小知也

節釋曰此言君子小人之知識器量也君子之知識器量恢廣故不可小知而可大受小人之器量知識淺狹故不可大受而

可小知

子曰民之於仁也甚於水火水火吾見蹈而死者矣未見蹈仁而死者也

集曰甚猶過也蹈猶履也疏邢氏節謂人非水火不生活則水火固不可一日無也然仁人心也是心其可一日無乎一日而非水火不過口腹有飢渴之害而已一日而非仁則失其本心而不足以爲人矣此民之於仁所以甚於水火也又况水能溺火能焚雖能以養人亦能以害人仁之所以

異於水火者以其有以成乎人而無所害
乎人也故蹈水火而死者吾見之矣蹈仁
而死者吾未之見也亦何憚而不肯爲仁
乎

子曰當仁不讓於師
集曰當仁以仁爲已任也弟子之於師每
事必讓而不敢先者也至於仁則已之當
爲雖師在焉亦且不讓此蓋言爲仁之急
也本晦庵朱氏說

子曰君子貞而不諒

集曰貞者貞於義也諒者執小信也貞於義則信在其中若但執夫小信而於義有蔽則失其正而反害於信矣南軒張氏

子曰事君敬其事而後其食

集曰食禄也後其食謂以食爲後也事君者主於敬其事而已食非所計也若曰食焉而已遑恤其事則失事君之義矣本南軒張氏説

子曰有教無類

集曰所稟之質雖有不同然未有善惡之

類一定而不可變者蓋均是人也原其降衷何莫不善故聖人有教焉所以納之於善也教之行愚者可使之明柔者可使之彊豈有氣類之不可變者乎故曰有教無類南軒張氏東溪劉氏曰天地不擇草木而雨露均焉聖人之教亦猶是也

子曰道不同不相爲謀爲去聲

節釋曰道同則可相爲謀矣道不同其所趨異也所趨者異則我之不能爲彼謀亦猶彼之不能爲我謀也烏在其相爲謀哉

子曰辭達而已矣

集曰辭辭章也辭取其達意而止過是則徇於辭而反害於理矣南軒張氏勉齋黃氏曰其曰達而已矣亦非通於理者不能也

師冕見及階子曰階也及席子曰席也皆坐子告之曰某在斯某在斯師冕出子張問曰與師言之道與子曰然固相師之道也見賢遍切道與之與平聲相去聲

集曰師樂師冕名蓋瞽者也某某人也相助也古者瞽必有相師冕之見夫子以其瞽而無所見也故及階則告之階及席則

告之席既坐則歷告之以在坐之人子張
見而問焉夫子語以相瞽者之道當如是
爾聖人豈作意而爲之哉亦曰盡其道而
已聖門學者於夫子之一言一動無不存
心省察如此晦庵朱氏 南軒張氏
又曰事事物物莫不有其道蓋所當然
者天之所爲也夫以一日之間起居則
有起居之道飲食則有飲食之道見是
人則有待是人之道遇是事則有處是
事之道道不可須臾離也一失所宜則

爲廢是道矣是故君子戰兢自持造次顛沛必於是惟懼其失之也夫惟天下之至誠一以貫之道之所在如影隨形蓋無往而非是矣南軒張氏

季氏第十六 九一十三章

季氏將伐顓臾冉有季路見於孔子曰季氏將有事於顓臾孔子曰求無乃爾是過與夫顓臾昔者先王以爲東蒙主且在邦域之中矣是社稷之臣也何以伐爲冉有曰夫子欲之吾二臣者皆不欲也孔子曰求周任有言曰陳力就列

不能者止危而不持顛而不扶則將焉用彼相
矣且爾言過矣虎兕出於柙龜玉毀於櫝中是
誰之過與冉有曰今夫顓臾固而近於費今不
取後世必爲子孫憂孔子曰求君子疾夫舍曰
欲之而必爲之辭丘也聞有國有家者不患寡
而患不均不患貧而患不安蓋均無貧和無寡
安無傾夫如是故遠人不服則修文德以來之
既來之則安之今由與求也相夫子遠人不服
而不能來也邦分崩離析而不能守也而謀動
干戈於邦内吾恐季孫之憂不在顓臾而在蕭

牆之內也顓並音專臾並音俞見賢遍切過與之與並平聲夫顓臾之夫今夫之夫
疾夫之夫夫如是之夫並音扶任平聲焉於虔切相並去聲兕徐履切柙戶甲切櫝音獨費音
祕舍上聲
集曰顓臾國名魯之附庸也無乃乃也爾
汝也夫子指季孫也周任古良史也陳布
也列位也相家相也陳力就列不能者止
此周任之言也兕野牛也柙檻也龜大龜
也玉寶玉也櫝匱也固謂城郭堅完也費
季氏之私邑也國謂諸侯家謂卿大夫寡
謂土狹民少也貧謂財用不足也均謂君

臣上下各得其分也安謂上下相安也和謂上下相睦也傾傾覆也分崩離析謂公室四分也干楯也戈戟也蕭牆門內之屏也季氏將有事於顓臾謂伐之也由求爲季氏家臣故以告孔子孔子首呼求以責之豈求在季氏之門爲用事者耶蒙山在魯地之東故曰東蒙先王以是封顓臾使主其祭又在魯邦域之中是社稷之臣或曰社稷所恃以存者故曰社稷臣非季氏所當伐也求實爲謀以孔子非之故歸咎於季氏孔子引周

任之言謂陳其材力以就其列位苟不能
則當止也爲人之相不扶其顛而持其危
則安所用之吾二臣不欲之語求之言過
矣譬如虎兕在柙而逸龜玉在櫝而毁典
守者安得而辭其責哉既曰夫子欲之吾
二臣者皆不欲也所以自解者至矣又曰
今不取後世必爲子孫憂其情終不能掩
也託爲慮患之辭以蓋夫貪利之説此則
君子之所疾也有國有家者非土狹民少
之爲患患上下之不均爾非財用不足之

爲患患上下之不安爾上下之分定則均而和和而安矣均則不嫌於貧和則不嫌於寡至於安則無傾覆之患矣東溪劉氏曰均則無貧不必利顓臾之有以爲己富也和則無寡不必兼顓臾之土地人民以爲己益也安則無傾不必去顓臾以憂子孫之不支也內寧則外自服就使有不服者則當修文德以來之於其來也則亦安之而已此爲國家之常道也由求相季氏如遠人不服而不能來如邦分崩離析而不能守方且相與謀動干戈於邦內以逞其欲夫季氏魯卿也齊公室以

自肥不均不和而内變且作矣求徒知夫顓臾爲季氏子孫憂而不知其禍將起於蕭牆也伐顓臾之事則專責於求相夫子之事則併由責之蓋爲季氏計者求也至於不能勉季氏以道則由亦不能逃其責矣本註疏南軒張氏晦菴朱氏東萊呂氏武夷吳氏説

孔子曰天下有道則禮樂征伐自天子出天下無道則禮樂征伐自諸侯出自諸侯出蓋十世希不失矣自大夫出五世希不失矣陪臣執國命三世希不失矣天下有道則政不在大夫天

下有道則庶人不議
集曰希少也註孔氏陪臣家臣也註馬氏國命
國之命令也不議言無非議之者也疏邢氏
禮樂征伐天子之事也禮樂以明分征伐以討其不然天
下有道禮樂征伐自天子出矣蓋上得其
道則權綱在已而下莫敢干之也若上失
其道則綱維解紐而諸侯得以竊秉之禮
樂征伐將專行而不顧矣若諸侯可以竊
之於天子則大夫可以竊之於諸侯而陪
臣亦可以竊之於大夫其理之逆必至於

此也所以有十世五世三世之異者於理愈逆則其亡愈近也天下有道則政不在大夫者政出于一也庶人不議者上無失政則下無私議也東溪劉氏曰天下有道在上者總其政而其咨訪亦及乎芻蕘之賤當是之時民有公言而無私議天下無道大夫竊執國柄雖士君子之言亦壅於上聞於是庶人始私相非議於下又其甚至於道路以目而天下之情窮矣雖然所謂自天子出者天子亦豈敢以己爲可專而以私意加於其間哉亦曰述夫天理而已矣南軒張氏

孔子曰祿之去公室五世矣政逮於大夫四世

矣故夫三桓之子孫微矣故夫之夫音扶餘如字
集曰五世謂魯宣公成公襄公昭公定公
也逮及也四世云者自成公至定公則四
世爾三桓謂仲孫叔孫季孫三卿皆出桓
公故曰三桓也微衰微也註疏魯自宣公頼
襄仲以立三家始盛專制魯國之賦而禄
去公室矣又一世而政悉移於大夫自成
公而下爲國君者拱手聽命而已孔子於
禄去公室政逮大夫而知三桓之子孫必
微亦以其理勢知之也夫三家視其君而

起不奪不饜之心則夫陪臣視之亦何憚而不萌此心乎方三家專公室之祿而竊魯國之政本其私意欲以利其子孫也而豈知子孫之微實兆乎此哉南軒張氏晦菴朱氏曰此章專論魯事疑與前章皆定公時語

又曰禮樂征伐自諸侯出宜諸侯之彊也而魯以失政政逮於大夫宜大夫之彊也而三桓以微何也彊生於安安生於上下之分定今諸侯大夫皆陵其上則無以令其下矣故皆不久而失之也

東坡蘇氏

孔子曰益者三友損者三友友直友諒友多聞益矣友便辟友善柔友便佞損矣便並平聲辟婢亦切

節釋曰友直則無隱而有過必聞矣友諒則不欺而相與以實矣叢麓趙氏曰直者以義相正諒者以信相與友多聞則學博理明而可資以講貫矣是皆有益於我者也便習熟也善能也便於辟則威儀之修飾也善於柔則容色之嫵媚也便於佞則言語之諂巧也是皆有損於我者也

孔子曰益者三樂損者三樂樂節禮樂樂道人之善樂多賢友益矣樂驕樂樂佚遊樂宴樂損矣（樂五教切禮樂之樂音岳驕樂宴樂之樂音洛）

節釋曰樂喜好也樂節禮樂則有進反而無銷放而不失其中和矣樂道人之善則有企慕而無娟嫉而惟見其宏裕矣樂多賢友則善言善行日接於前而有以輔成吾之德矣此其所以爲益也驕樂以驕矜爲樂也樂之則其志傲矣佚遊以佚遊爲樂也樂之則其志荒矣宴樂以宴安爲樂

也樂之則其志情矣此其所以爲損也

孔子曰侍於君子有三愆言未及之而言謂之躁言及之而不言謂之隱未見顔色而言謂之瞽

集曰君子有德位之通稱龜山楊氏愆過也躁謂躁急不安靜也隱謂隱匿不盡情也註疏瞽無目者也晦庵朱氏侍於君子或有問焉終則對不問則不敢對各當其可而已言未及之而言是未當言而先言也故謂之躁言旣及之而不言是所當言而不言也故

謂之隱顔色未相接而遽有言焉是又有甚於躁者若無所見而妄發也故謂之瞽三者皆不中節者也故謂之愆本南軒張氏說

孔子曰君子有三戒少之時血氣未定戒之在色及其壯也血氣方剛戒之在鬬及其老也血氣既衰戒之在得少失照切

集曰或曰戒者心有所警省而禁制之謂剛彊也得貪得也好色好鬬與貪得之心三者皆血氣之勝也自少至老無一不在所戒然各隨其血氣之盛衰而又有偏勝

者焉故夫子於此必表而出之也蓋男女之欲惟年少者爲最甚也少之時而以色爲戒以其血氣之未定也年既壯而血氣剛矣則易爲勇力之所使故其所戒則在於鬬至於老而血氣衰矣色與鬬無足逞矣日暮途窮憂慼百集則貪求苟得之心勝矣故其所戒則在於得焉成都范氏曰聖人同於人者血氣也異於人者志氣也血氣有時而衰志氣則無時而衰也少未定壯而剛老而衰者血氣也戒於色戒於鬬戒於得者志氣也君子養其志氣故不爲血氣所動是以年彌高而德彌卲也

孔子曰君子有三畏畏天命畏大人畏聖人之言小人不知天命而不畏也狎大人侮聖人之言

集曰畏者嚴憚之意侮戲玩也晦菴朱氏天之命我者是理也則奉若之而弗敢失大人盡乎是理者也則尊敬之而弗敢易聖人之言當乎是理者也則佩服之而弗敢違然是三言皆主於畏天命小人不知是理之所在則反是而莫之畏也天命且不知畏其狎大人侮聖言宜無所不至矣本南軒張

氏說 岷隱戴氏曰畏者進德之機也人唯無所畏也而後動於惡故小人爲不善者必先慢天忽人不有聖賢之語然後得以自便其私

孔子曰生而知之者上也學而知之者次也困而學之又其次也困而不學民斯爲下矣

集曰困謂病於有所不通也 孔氏註 生知者天稟全粹不待學而知義理也其次則必學而後知又其次則困而後反於學困而學雖在二者之下然其至則一也若困而不之學則是自暴自棄斯爲下愚矣此章所以勉人學也 南軒張氏

又曰中庸曰或生而知之或學而知之或困而知之及其知之一也此勉夫困而能學者之爲上也此章曰生而知之者上也學而知之者次也困而學之又其次也困而不學民斯爲下矣此戒夫困而不學者之爲下也聖人之於人或勉之或戒之皆導之以歸於善其言各有當也成都范氏

孔子曰君子有九思視思明聽思聰色思温貌思恭言思忠事思敬疑思問忿思難見得思義

難去聲

集曰明者無不見也聰者無不聞也色見於面者貌舉身而言（晦菴朱氏）温和易也恭莊肅也忠者中心之誠然也敬者敬其事而不敢忽也疑者心有所未安也問者求以釋其疑也難者患難也忿思難則必懲其忿矣義者宜也見得思義義所不當得則不敢以苟得也（白石錢氏）九思各專其一（伊川程子）當乎此則思乎此天理之所由充而人欲之所由遏也（南軒張氏）張氏曰是九者要當養之於未發之前而持

之於既發之祭不然但欲察之於流而收之於暫則多見其紛擾而無力矣此

之謂思誠上蔡謝氏

節釋曰視聽言貌思五事之目也此章以思爲四者之主又加以色之與事疑之與忿兼見得而爲九思其示學者省察體驗之功益密矣

孔子曰見善如不及見不善如探湯吾見其人矣吾聞其語矣隱居以求其志行義以達其道吾聞其語矣未見其人也齊景公有馬千駟死之日民無得而稱焉伯夷叔齊餓于首陽之下

民到于今稱之其斯之謂與探吐南切與平聲

節釋曰探試也馬四匹曰駟首陽山名見善如不及謂見善矣又若不及見之也見不善如探湯謂見不善矣猶未免於嘗試之也爲善之不勇去惡之不力中人皆然也夫子謂吾固見其人矣亦嘗聞其語矣隱居以求其志志於求仁者也行義以達其道行吾得爲之義以達夫當然之道於天下後世者也此非立志剛信道篤不以窮達死生累其心者不能也夫子謂吾固

聞其語矣而未見其人也夫見善如不及見不善如探湯求之於今則齊景公其人也隱居以求其志行義以達其道求之於今則未見其人求之於古則伯夷叔齊其人也景公知夫子之聖而不能用晏子之言而不能行是見善如不及也田氏不之正而幸公室之僅存嗣君不之定而幸孽子之得立是見不善如探湯也悠悠於善惡之間是以雖居諸侯之位擁千乘之富其没也曾無一德之可稱夷齊兄弟遜

立捨國而逃是隱居以求其志也扣馬而
諫恥食周粟是行義以達其道也即夫人
心之安而循夫天理之正雖餓死首陽而
民到于今稱之即是人以證是語故曰其
斯之謂與然景公達而在上者也夷齊窮
而在下者也夫子論夷齊之事而必以景
公對言者蓋所以明夫君子之得行其道
初不拘於富貴利達也
陳亢問於伯魚曰子亦有異聞乎對曰未也嘗
獨立鯉趨而過庭曰學詩乎對曰未也不學詩

無以言鯉退而學詩他日又獨立鯉趨而過庭曰學禮乎對曰未也不學禮無以立鯉退而學禮聞斯二者陳亢退而喜曰問一得三聞詩聞禮又聞君子之遠其子也亢並音剛遠去聲

集曰伯魚孔子之子鯉也子指伯魚而言也有異聞謂聞於孔子也嘗獨立謂孔子獨立之時也不學詩無以言不學禮無以立此孔子之言也聖人竭兩端之教於親踈賢愚無以異也其告門人固嘗曰興於詩立於禮而此語伯魚亦先之以學詩次

之以學禮學之序固當然也不學詩無以言易其心而後能言也不學禮無以立謹其節而後能立也晦菴朱氏曰學詩則事理通達而心氣和平故能言學禮則品節詳明而德性堅定故能立當孔子獨立之時伯魚之所聞亦不過如此爾陳亢以伯魚爲孔子之子故有異聞之問及聞詩禮之對又以爲聖人之遠其子殊不知聖人曷嘗有是心哉味伯魚答陳亢之辭氣亦可見其薰陶之所得矣本註疏南軒張氏說

邦君之妻君稱之曰夫人夫人自稱曰小童邦

人稱之曰君夫人稱諸異邦曰寡小君異邦人
稱之亦曰君夫人
集曰夫人君夫人尊之之辭也小童寡小
君自卑之辭也春秋之時名不正者多矣
記於此者亦正名之一也東萊呂氏

論語集說卷第八

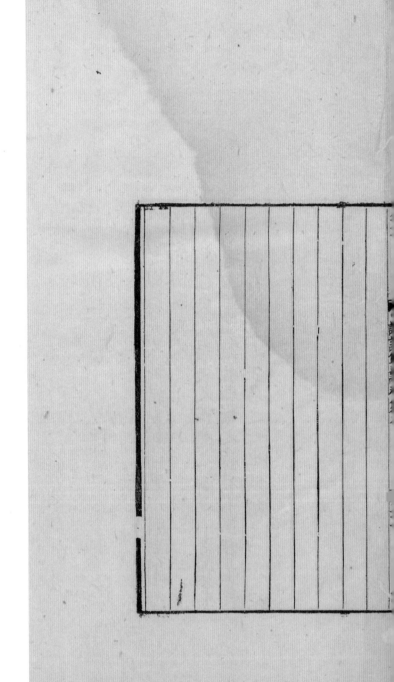

論語集説卷第九

永嘉　蔡　節　編

陽貨第十七 凡二十六章

陽貨欲見孔子孔子不見歸孔子豚孔子時其亡也而往拜之遇諸塗謂孔子曰來予與爾言曰懷其寶而迷其邦可謂仁乎曰不可好從事而亟失時可謂知乎曰不可日月逝矣歲不我與孔子曰諾吾將仕矣 歸如字好知並去聲亟去吏切

集曰陽貨名虎季氏家臣歸遺也豚豕之小者時其亡者伺虎不在家時而往謝之

也塗道也註疏懷寶迷邦謂懷藏道德任其國之迷亂亟數也失時謂不及事機之會諾應辭也將者且然而未必之辭陽貨嘗囚季威子而專國政欲見孔子而用之孔子不往貨以禮大夫有賜於士不得受於其家而往拜其門故瞯孔子之亡而歸之豚欲令孔子來拜而見之也晦菴朱氏在禮當往拜則烏得而不往時其亡者不欲見之也遇諸塗則有不得避焉懷寶而迷邦誠不可謂之仁好從事而亟失時誠不可謂

之知夫子亦未嘗不欲仕也特非其道則不可耳貨三問而應之如響彼蓋不可與言者故不申己之意而遜辭以答之然言雖遜而理未嘗枉也南軒張氏朱氏曰孔子不見者義也其往拜者禮也必時其亡而往者不欲見也遇諸塗而不避者不然絕也隨問而對者理之直也對而不辯者言之孫而亦無所詘也

子曰性相近也習相遠也

節釋曰性相近云者兼氣稟而言之也一性之理天之所命者本無爾殊然氣之所稟則不無清濁而理之所受亦不無淺深

其相去亦不遠也所以遠者習有善惡之異耳

子曰唯上知與下愚不移知去聲

節釋曰上知生而知之者也下愚困而不學者也上知固得於生知然亦學而充之也既爲上知則不復爲下愚矣下愚本非其性然也惟其氣稟既濁又自暴自棄而不知學則所習愈下安於下愚而不能爲上知矣唯之爲言獨也中人則可上可下唯此二者不能移也不移云者亦自其習

而言之也

子之武城聞弦歌之聲夫子莞爾而笑曰割雞焉用牛刀子游對曰昔者偃也聞諸夫子曰君子學道則愛人小人學道則易使也子曰二三子偃之言是也前言戲之耳莞華版切焉於虔切易去聲戲香義切

集曰弦琴瑟也莞小笑貌君子小人以位言也戲謔也子游爲武城宰以禮樂爲教夫子入其邑聞邑人弦歌之聲莞爾而笑蓋喜之也治雖有大小而道之用則一牛

刀割雞之喻言治小邑何必用大道蓋反其言而戲之耳君子學道則知爲上治人之理故能愛人小人學道則知爲下事上之理故易使也及子游以是爲對夫子復是其言而自實其戲以解二三子之惑亦可見子游能尊其所聞而以道爲教者矣本晦庵朱氏成都范氏說

公山弗擾以費畔召子欲往子路不說曰末之也已何必公山氏之之也子曰夫召我者而豈徒哉如有用我者吾其爲東周乎費音祕召並直照切說音

悅夫音扶

集曰公山弗擾即公山不狃也字子洩畔謂背其主也末無也兩之也之之字俱訓適已止也徒猶空也邢氏疏公山弗擾爲季氏費邑宰與陽虎共執季桓子據邑以畔夫子以其召而欲往子路不說以爲無所之也則已何必公山氏之之也夫子言其召我者亦豈徒然必其有悔過自新之意也自周之東君臣上下之分日以陵夷諸侯逼天子大夫制諸侯而陪臣畔大夫皆

東周之爲也如使夫子得用必以正名爲先固將反東周之爲而復西周之舊豈肯使公山弗擾爲東周之事乎言此以釋子路之疑也本南軒張氏說

子張問仁於孔子孔子曰能行五者於天下爲仁矣請問之曰恭寬信敏惠恭則不侮寬則得衆信則人任焉敏則有功惠則足以使人任汝鴆切

集曰能行五者於天下則心存而理得公平而周徧矣所以爲仁也恭則不侮人故人亦不侮之寬則能容人故人亦歸之信

則不疑故人爲之任敏則不滯故事以之立惠則人懷之故足以使人此又言其效也本晦菴朱氏南軒張氏成都范氏說

佛肹召子欲往子路曰昔者由也聞諸夫子曰親於其身爲不善者君子不入也佛肹以中牟畔子之往也如之何子曰然有是言也不曰堅乎磨而不磷不曰白乎涅而不緇吾豈匏瓜也哉焉能繫而不食佛音弼肹許密切召直照切磷力刃切涅乃結切焉於虔切

集曰佛肹晉大夫趙氏中牟宰也親於其

身爲不善者君子不入也言不入不善之黨也磷薄也涅水中黑土可以染皁緇黑色匏瓠也註疏節謂佛肸召子欲往豈非以其有悔過自新之意乎聖人之心天地之心也萬物苟有生意天地所不絕也不入不善之黨夫子固嘗有是言然堅者磨之而不磷白者涅之而不緇夫子亦未嘗不以是爲言也子路但知亂邦之不可入而不知聖人無入而不可亦猶堅白之不可磷緇也龜山楊氏曰磨不磷涅不緇而後無入而不可堅白不足而欲自試

於磨涅其不磷緇也幾希上蔡謝氏曰磨而不磷始可謂之堅涅而不緇始可謂之白蓋不如是不足以爲聖人聖人生於斯世志在於行道以濟時豈若匏瓜之爲物徒繫之而不可食乎

又曰公山弗擾與佛肸之召夫子皆欲往而卒不往何也其欲往者以其有是心至不欲絕之也卒不往者以其不足與有爲也欒山黃氏

子曰由也女聞六言六蔽矣乎對曰未也居吾語女好仁不好學其蔽也愚好知不好學其蔽

也蕩好信不好學其蔽也賊好直不好學其蔽也絞好勇不好學其蔽也亂好剛不好學其蔽也狂女音汝語好知並去聲蕩徒浪切

集曰蔽謂蔽塞不自見其過也邢氏疏居吾語女以下夫子之言也禮君子問更端則起而對故夫子使子路還坐而告之愚若可陷可罔之類蕩謂窮高極遠而無所止賊害也絞訐也亂作亂也勇者剛之發剛者勇之體狂躁率也晦庵朱氏學所以明善也不知學則惟慕其名而莫知善之所以爲

善也好仁不好學則徒欲博愛而不知所
施之當然故其蔽愚好知不好學則過用
其聰明而不知要之所在故其蔽蕩好信
不好學則固守其小諒而不知義之所存
故其蔽賊好直不好學則務徑情而不知
含蓄故其蔽絞好勇不好學則犯難而不
知止故其蔽亂好剛不好學則務勝而不
知反故其蔽狂是六者本爲達德善行無
學以明之則各有所蔽而爲德行之累學
如行大道日闢而通也不學如守暗室終

室而蔽矣南軒張氏

子曰小子何莫學夫詩詩可以興可以觀可以羣可以怨邇之事父遠之事君多識於鳥獸草木之名夫音扶

集曰小子門人也莫不也邢氏疏詩吟詠情性善感發人使易直子諒之心易以生故可以興知古今治亂得失之故盡人情物態之微故可以觀心平氣和於物無競故可以羣優游不迫雖怨而不怒也無鄙倍心故可以怨上蔡謝氏人倫之道詩無不備邇

之事父遠之事君舉其重者言也能盡臣
子之道則天下之事無一不可者多識於
鳥獸草木之名言亦可以博物(横渠張子)學詩
之法此章盡之讀是經者所宜盡心也(晦菴
朱氏)

子謂伯魚曰女爲周南召南矣乎人而不爲周
南召南其猶正牆面而立也與(女音汝與平聲)

集曰周南召南詩首篇名二南人倫之本
王化之基也女爲周南召南蓋欲伯魚體
二南之道而行之也夫欲治國平天下必

自脩身而齊家始若不爲周南召南自然
推廣不去亦猶面牆而立一物無所見一
步不可行也明道程子河南尹氏晦菴朱氏

子曰禮云禮云玉帛云乎哉樂云樂云鐘鼓云
乎哉

集曰敬而將之以玉帛則爲禮和而發之
以鐘鼓則爲樂是禮之本主於敬而樂之
本在於和也若捨其本而專事於玉帛鐘
鼓之間夫豈禮樂之謂哉蓋得其本則是
物皆吾情文之所寓否則特虛器而已晦菴

朱氏成都范氏南軒張氏

子曰色厲而內荏譬諸小人其猶穿窬之盜也與荏而審切窬音俞與平聲

集曰荏柔也穿穿壁窬窬牆孔氏註外爲莊嚴而內本柔佞猶小人之有盜心而外飾非盜之狀欲以欺人則一也勉齋黃氏東萊呂氏曰小人之爲不善有不知其非而爲之者唯穿窬之盜則明知其非而爲之將以掩人之不知也色厲內荏者實似之

子曰鄉原德之賊也

集曰所至之鄉推原人情而爲意以待之

故曰鄉原毗陵周氏節按孟子萬章曰一鄉皆稱原人焉無所往而不爲原人孔子以爲德之賊何哉曰非之無舉也刺之無刺也同乎流俗合乎汙世居之似忠信行之似廉潔衆皆說之自以爲是而不可與入堯舜之道故曰德之賊也蓋以其似德非德而反有以害夫德也

子曰道聽而塗說德之棄也

集曰道塗皆路也晦庵朱氏道聽者泛聽於人塗說者泛說於人皆非事實也德之所以

聚者以其心存而身體之也若道聽而塗說徒以資口耳於德何有焉故曰德之棄也白石錢氏南軒張氏

子曰鄙夫可與事君也與哉其未得之也患得之既得之患失之苟患失之無所不至矣下與字平聲

節釋曰鄙夫之不可與事君言以祿位得失累其心也未得則所憂在於得惟恐其不得之也既得則所憂在於失惟恐其或失之也始於患得則必終於患失然患失

之累又甚於患得是心苟切於中則凡可以持祿固位者將無所不至矣所以謂之鄙夫也致堂胡氏曰許昌靳裁之有言曰士之品大槩有三志於道德者功名不足以累其心志於功名者富貴不足以累其心志於富貴而已矣則亦無所不至矣志於富貴即夫子所謂鄙夫也

子曰古者民有三疾今也或是之亡也古之狂也肆今之狂也蕩古之矜也廉今之矜也忿戾古之愚也直今之愚也詐而已矣

集曰疾生乎氣稟之偏南軒張氏狂者志願太高肆謂不拘小節蕩則踰大閑矣矜者持

守太嚴廉謂稜角峭厲忿戾則至於爭矣愚者昧而不通直謂徑行自遂詐則挾私妄作矣晦庵朱氏狂而肆矜而廉愚而直此古者三疾學則可瘳矣今之疾與古異故曰或是之亡也狂而至於蕩矜而至於忿戾愚而至於詐則是世衰俗敝而習之益遠蓋難反也然困而能反於學亦聖人所不棄也張氏

子曰巧言令色鮮矣仁令去聲鮮上聲

集曰此夫子所常言也弟子各以所聞記

之故又見於此成都范氏

子曰惡紫之奪朱也惡鄭聲之亂雅樂也惡利口之覆邦家者惡並去聲覆芳服切

集曰朱正色紫間色雅正也利口捷給也覆傾敗也晦菴朱氏利口之人紊亂事實以是爲非以非爲是以邪爲正以正爲邪人君苟爲所惑則邦家之覆不難矣成都范氏或曰夫子疾利口之覆邦家者故引紫之奪朱鄭聲之亂雅樂以爲之比類蓋似是而非者有以惑人之視聽此聖人所以惡之也

然利口之人其初不過欲求容悅而已至其終則有覆邦家之禍此堯之所以畏巧言舜之所以堲讒說也與

子曰予欲無言子貢曰子如不言則小子何述焉子曰天何言哉四時行焉百物生焉天何言哉

集曰述傳述也言所以明理聖人恐學者但求之於其言故有子欲無言之歎所以發子貢之問也四時行百物生天理之流行發見也天雖不言而何隱哉聖人一動

一靜莫非妙道精義之發亦若天而已此即夫子所謂吾無行而不與二三子者也再曰天何言哉其啓子貢深矣本南軒張氏晦菴朱氏說

孺悲欲見孔子孔子辭以疾將命者出户取瑟而歌使之聞之

集曰孺悲魯人何氏註雜記哀公使孺悲之夫子學士喪禮則孺悲嘗事夫子矣夫子之門來者不拒其不見者必有爲也武夷吳氏取瑟而歌使之聞之以示其非疾也此孟

子所謂不屑之教誨者乃所以深教之也

粲山黄氏

宰我問三年之喪期已久矣君子三年不爲禮禮必壞三年不爲樂樂必崩舊穀既没新穀既升鑽燧改火期可已矣子曰食夫稻衣夫錦於女安乎曰安女安則爲之夫君子之居喪食旨不甘聞樂不樂居處不安故不爲也今女安則爲之宰我出子曰予之不仁也子生三年然後免於父母之懷夫三年之喪天下之通喪也予也有三年之愛於其父母乎期並音朞鑽祖官切燧音遂夫並音

扶衣去聲女竝音汝上三樂字如字下音洛

集曰期周年也崩亦壞也没盡也升登也燧取火之木也女安則爲之夫子之言也旨亦甘也子宰我也懷抱也宰我言父母之喪至於一期則已爲久矣恐在喪三年不爲禮樂而禮樂必崩壞也舊穀既没新穀既升鑽燧改火言朞年則天運一周時物皆變喪及此亦可止也白石錢氏曰登穀於秋出火於春皆期之變也食稻衣錦於女安乎夫子所以責之朱氏曰禮父母之喪既殯食粥衣衰既塟蔬食飲水受以成布期而小祥食菜

果練冠縓緣要絰不除無食稻衣錦之理宰我自以爲安夫子又言君子之居喪不甘不樂不安者以發其不忍之端漢上朱氏曰君子之居喪也中心之哀有以勝之故口之於味耳之於聲四支之於安佚皆失其常再言女安則爲之所以深責而痛絕之也宰我既出夫子懼其眞以爲可安而遂行之故深探其本而斥之以不仁又推原人子之於親喪必三年之故使之反而思之而終能得其本心也本晦菴朱氏說成都范氏曰喪雖止於三年然賢者之情則無窮也特以聖人爲之中制而不敢過故必俯而就之非以三年之喪爲足以報其親也所謂三年而後

免於父母之懷特以責宰我之無恩欲其有以跂而及之爾

子曰飽食終日無所用心難矣哉不有博弈者乎爲之猶賢乎已

集曰博局戲也弈圍棊也賢猶勝也已止也邢氏疏 飽食而無所用心則放越而莫知其極惡之所由生也博弈固非所宜爲然其爲之而意專乎此比之放越而莫知其極者猶爲愈焉此章大抵言無所用心則長惡爲可畏耳非教人以博弈也南軒張氏

子路曰君子尚勇乎子曰君子義以爲上君子

有勇而無義爲亂小人有勇而無義爲盜

集曰上二君子以德言也其對小人者以位言也尚上之也晦菴朱氏夫子之云非以勇爲不足尚欲子路知所以勇也義以爲上則爲其所當爲而勇固在其中矣尚勇則徒知勇之爲務或至於犯義者有之君子則亂小人則盜也子路好勇故夫子以義告之所以救其失也上蔡謝氏南軒張氏

子貢曰君子亦有惡乎子曰有惡惡稱人之惡者惡居下流而訕上者惡勇而無禮者惡果敢

而窒者曰賜也亦有惡乎惡徼以爲知者惡不孫以爲勇者惡訐以爲直者惡並去聲唯惡者之惡如字訕所諫切徼古堯切知孫並去聲訐居謁切

集曰訕謗毁也孔氏註窒窒塞也馬氏註抄人之意以爲己有曰徼加諸人曰不孫發人之私曰訐孔氏註仁者無不愛則君子疑若無惡矣子貢有是心也故問以質其是非稱人之惡則近於浮薄居下流而訕上則近於悖逆勇而無禮則必爲亂果敢而窒則必妄作此君子之所惡也丁曰字夫子

叩子貢也惡徼以下乃子貢之言也徼似知不孫似勇訐似直皆欺世而亂俗者子貢所以惡之本龜山楊氏晦菴朱氏上蔡謝氏說

子曰唯女子與小人爲難養也近之則不孫遠之則怨近孫遠並去聲

集曰女子小人之情其望於人者無有紀極近之則狎侮生遠之則猜嫌起故難養也克齋楊氏聖人患之爲世立戒使夫有國有家者不昵不惡惡去聲則庶乎其可矣[redacted]林氏

子曰年四十而見惡焉其終也已惡去聲

集曰終止也四十成德之時見惡於人則止於此而已勉人及時遷善改過也晦庵朱氏

南軒張氏曰見惡者有不善而見惡於人也此又甚於無聞者

微子第十八 凡一十一章

微子去之箕子爲之奴比干諫而死孔子曰殷有三仁焉

節釋曰微箕二國名子爵也微子帝乙長子紂之庶兄也箕子爲父師比干爲少師皆紂之諸父也奴囚奴也詳味微子一篇微子所以告父師少師者有曰我其發出

狂吾家耄遜于荒今爾無指告予顛隮若之何其謂我憂商家之亡正如狂疾之人在家耄亂置身無所欲遯于荒野以寫我憂而爾何以教我耶父師曰詔王子出迪我舊云刻子王子弗出我乃顛隮謂王子殷王之元子宗祀所係王子之出乃合於道我舊日曾言王子可立今反爲王子之害若王子不出則疑及於我我雖欲彊諫恐必至顛隮而無救於商家之亡也由此觀之微子之去不特以成箕子之諫要亦

以存宗祀爾箕子諫而爲紂所囚比干諫而爲紂所殺或去或囚或諫而死其去就死生雖不同而至誠惻怛拳拳於愛君憂國者則同此一心也夫子發明其心以詔後世無所優劣而均謂之仁者以其曲盡夫人道而克全夫天理也（張氏曰君子之去就死生其志在於天下國家而不在於一身其死也非沽名其生也非懼禍其引身以求去者非自利以忘君也仁之所存三子其盡之矣）

又曰伯夷叔齊求仁而得仁微子去之箕子爲之奴比干諫而死孔子曰殷有

三仁焉知此五人之爲仁則知仁矣河東

侯氏延平李氏曰當理而無私心則仁矣

柳下惠爲士師三黜人曰子未可以去乎曰直道而事人焉往而不三黜枉道而事人何必去父母之邦三並去聲焉於虔切

集曰士師典獄之官黜退也去者去而之他國也枉曲也註疏柳下惠三黜不去而其辭雍容如此可謂和矣然未嘗枉道之意則有確乎不可拔者夫豈苟於徇物哉晦庵

朱氏東溪劉氏曰柳下惠以和名於世者也至爲士師三黜而不變其道曰直道

而事人焉往而不三黜使之少貶豈有是哉孟子曰柳下惠不以三公易其介介節守也三公尚不能易而況士師乎然遺佚而不怨阨窮而不憫降志辱身而不以爲浼彼顏自謂有直以行乎其間是以不屑去也

又曰柳下惠仕則仕黜則黜而未嘗枉其道也若枉道則害於和之理矣至於孔子道不行雖父母之邦可以去則亦去然周行天下而未嘗苟仕也則與下惠異矣南軒張氏

齊景公待孔子曰若季氏則吾不能以季孟之間待之曰吾老矣不能用也孔子行

集曰魯三卿季氏爲上卿最貴君待之之禮極隆孟氏爲下卿不用事景公欲待孔子以二者之間夫計量所以待之之輕重是與孔子事道之意已違矣況又發爲不能用之言乎此孔子所以去之孔氏註南軒張氏

齊人歸女樂季桓子受之三日不朝孔子行朝音潮

集曰季桓子魯大夫名斯按史記定公十四年孔子爲魯司寇攝行相事齊人懼歸女樂以沮之晦菴朱氏孔子於季威子見行可

之仕也受齊女樂而不朝則不足與有行矣雖禮貌未衰猶將去之況齊以此為間乎此所以見幾而作也故孔子行本龜山楊氏說東溪劉氏曰齊人以女樂間孔子孔子故行然猶待於膰肉之不至孟子謂以微罪行者得之矣門人記其實孟子推其意

楚狂接輿歌而過孔子曰鳳兮鳳兮何德之衰往者不可諫來者猶可追已而已而今之從政者殆而孔子下欲與之言趨而辟之不得與之言辟音避

集曰接輿楚人佯狂辟世已止也而語助

辭殆危也孔子將適楚接輿歌而過孔子車前鳳有道則見無道則隱蓋借以比孔子而譏其不能隱爲德之衰也往者不可諫來者猶可追言今尚可隱也已而已而勸止之之辭今之從政者殆而言世亂不可救當時之從政者亦將危殆也接輿知尊孔子而趣之不同孔子欲告以出處之意彼自以爲是故不欲聞而辟之本晦菴朱氏說

長沮桀溺耦而耕孔子過之使子路問津焉長沮曰夫執輿者爲誰子路曰爲孔丘曰是魯孔

丘與曰是也曰是知津矣問於桀溺桀溺曰子爲誰曰爲仲由曰是魯孔丘之徒與對曰然曰滔滔者天下皆是也而誰以易之且而與其從辟人之士也豈若從辟世之士哉耰而不輟子路行以告夫子憮然曰鳥獸不可與同羣吾非斯人之徒與而誰與天下有道丘不與易也沮並七余切溺並乃歷切夫執輿者之夫音扶孔丘與孔丘之徒與之與並平聲餘如字滔吐刀切辟並婢致切耰音憂憮音武

集曰長沮桀溺隱者也二耜爲耦並二耜而耕也津濟渡處執輿謂執轡在車也子

路本爲御旣使問津故孔子代之而執轡
也滔滔流而不反之意易者撥其亂而反
之正也耰覆種也輟止也憮然猶悵然也
二子蓋以隱遁爲高者也夫子使子路問
津焉意亦有在矣長沮言夫子自知津處
蓋譏夫子周行天下之已久也桀溺則以
爲當世滔滔一律誰肯以夫子而易之言
其徒勞耳辟人之士謂孔子也言道不合
而後去也辟世之士桀溺自謂也言舉世
不得而親之也其意蓋謂子路之從夫子

不若從己之爲得也夫子憮然者以其不喻己意也夫鳥獸不可與同羣當與斯人爲徒耳以天下之無道也故欲從而易之使天下而有道則亦無事於易矣必如桀溺之意以其無道而辟世則將去人之類與鳥獸同羣而後爲可耳本註疏晦菴朱氏南軒張氏說

橫渠張子曰聖人之仁不以無道必天下而棄之也

子路從而後遇丈人以杖荷蓧子路問曰子見夫子乎丈人曰四體不勤五穀不分孰爲夫子植其杖而芸子路拱而立也子路宿殺雞爲黍

而食之見其二子焉明日子路行以告子曰隱者也使子路反見之至則行矣子路曰不仕無義長幼之節不可廢也君臣之義如之何其廢之欲潔其身而亂大倫君子之仕也行其義也道之不行已知之矣荷胡可切蓧徒弔切植常職切食音嗣見其二子之見賢遍切見之如字長上聲

集曰丈人老人也蓧竹器也夫子孔子也植立也芸除草也大倫父子君臣夫婦長幼朋友是也子路隨從夫子行不相及而獨在後故問夫子於丈人丈人之對謂吾

但知四體不勤則五穀不分而已安知孰爲夫子乎子路拱而立蓋知其爲隱者而敬之也丈人止子路宿殺雞爲黍以食之而見其二子焉亦知子路爲孔丘之徒而親之也二人相得於語默之間如此觀丈人之盡禮於子路疑若非遂與世絶者見其二子則知有長幼之節矣夫子以是知其可與言君臣之義也故使子路反見之至則行矣蓋欲匿其聲跡也子路所言殆述夫子之意云爾義莫大於君臣故以主

於不仕爲無義長幼之節既不可廢則夫君臣之義又烏得而廢之乎彼蓋欲潔其身而不知亂大倫之有害於人道也君子之仕豈爲他哉行吾義而已道之不行君子豈不知乎而汲汲於斯世者固有不可以已者也本註䟽晦菴朱氏龜山楊氏南軒張氏説朱氏曰道雖有窮有通而義則不可以已也義合而從則道固不患於不行不合而去則道雖不行而義亦未嘗廢也

又曰隱者爲高故往而不反仕者爲通故溺而不止此二者皆惑也是以依乎

中庸者爲難唯聖人之或出或處要各當其可焉耳成都范氏夫子之下車於接輿使子路問津於長沮桀溺反見乎荷蓧丈人豈不欲引而至於道乎四子者方守其一介之行而不可回故亦終於素隱而已矣河南尹氏

逸民伯夷叔齊虞仲夷逸朱張柳下惠少連子曰不降其志不辱其身伯夷叔齊與謂柳下惠少連降志辱身矣言中倫行中慮其斯而已矣謂虞仲夷逸隱居放言身中清廢中權我則異

於是無可無不可[少並去聲與平聲中並去聲]

集曰逸民遺逸之民也虞仲即仲雍[葉氏曰虞仲爲仲雍之後未詳孰是]夷逸朱張不見經傳少連東夷人[晦菴朱氏]降卑下也中猶當也倫義理之次第也慮思慮也放猶肆也無可者不以可爲主也無不可者不以不可爲主也七人者皆爲逸民而其立心造行則有淺深之不同伯夷叔齊不降其志不辱其身其節高矣柳下惠少連嘗降志辱身矣然言不違理行無越思猶有此可取耳故曰其

斯而已矣虞仲夷逸嘗隱居放言矣然其持身也清而不汙而其退而廢也權而適宜至若孔子之無可無不可則異乎七子者矣當可則可當不可則不可故仕止久速無不得其可焉若七子者未免以可不可爲主故孟子所願則學孔子本南軒張氏永嘉何氏說何氏曰降志辱身與隱居放言固非聖人所甚取至若夷齊其節高矣然使後之人一於高則亦不可可以爲萬世法而無弊者其惟聖人之時乎

大師摯適齊亞飯干適楚三飯繚適蔡四飯缺適秦鼓方叔入於河播鼗武入於漢少師陽擊

磬襄入於海大音泰飯並扶晚切繚音了鼗徒刀切少去聲
集曰大師魯樂官之長名摯亞次也亞飯
三飯四飯皆樂章名古者天子諸侯每食
必奏樂樂章各異各有樂師次飯樂師名
干三飯樂師名繚四飯樂師名缺擊鼓者
名方叔播鼗鼓者名武播搖也鼗小鼓兩旁有兩耳持其柄搖
之旁耳還自擊少師樂官之佐名陽擊磬者名襄
河河內也漢漢中也海海上也註疏或曰周
道衰賢者相招爲祿仕仕於伶官者多矣
是時樂失其次夫子自衛反魯嘗一正之

魯政益微三家僭妄鄭聲既熾女樂方張先王遺音厭棄不省矣自大師而下皆不得其職故相率而逃之夫子慮樂師去而遺音絕於是筆其所適之所於簡使後人知而求之則猶或有所考也

周公謂魯公曰君子不施其親不使大臣怨乎不以故舊無大故則不棄也無求備於一人

集曰魯公周公之子伯禽封於魯此伯禽之魯之時周公誨之之語也以用也先之以親親而後任大臣篤故舊器使羣才其

序如此施者謂施以刑也左氏傳邢侯殺雍子羊舌鮒於朝韓宣子問其罪於叔向叔向曰三人同罪施生戮死可也乃施邢侯漢成帝憤外家彊橫亦曰今將一施之親親主恩故不當以刑而施之也大臣欲行其道不可使之以不用爲怨也故舊不遺無大故則不棄之也人各有所長故使人必器之而不可以求備也詳味周公之語四事不同要皆誨之以忠厚之道也本晦菴朱氏藍田呂氏河南尹氏說

周有八士伯達伯适仲突仲忽叔夜叔夏季隨季騧騧烏瓜切

集曰此記善人之富也（横渠張子龜山楊氏曰八人盡爲士之道者也）先儒以爲周人八子觀其以伯仲叔季名之疑出於一家矣（槃山黃氏）

論語集説卷第九

論語集說卷第十

永嘉蔡節編

子張第十九凡二十五章

子張曰士見危致命見得思義祭思敬喪思哀其可已矣

集曰致猶委也已語助也見危則致命見得則思義能決擇於死生義利之際也祭則思敬喪則思哀篤於本也其可已矣猶云若是其亦可以爲士矣此特舉立身之大者言之非曰士之行止於此而已也晦菴

朱氏南軒張氏

子張曰執德不弘信道不篤焉能爲有焉能爲亡焉於虔切亡讀作無

節釋曰此言人之於德執之不弘則得小而遺大人之於道信之不篤則一入焉一出焉故於道德或有或亡也方以爲亡耶則執德信道疑若有諸已矣方以爲有耶則不弘不篤其所謂有特暫焉耳終亦必亡而已矣此其所以不能爲有亡也明道程子曰信道不篤則執德何由弘

子夏之門人問交於子張子張曰子夏云何對曰子夏曰可者與之其不可者拒之子張曰異乎吾所聞君子尊賢而容衆嘉善而矜不能我之大賢與於人何所不容我之不賢與人將拒我如之何其拒人也賢與之與並平聲

集曰此章問與人交際之道也可交者則與之其不可交者則拒絕之此子夏之言也賢者則尊崇之衆人則容受之善者則嘉美之不能者則哀矜之此子張之言也

邢氏疏子夏之言是初學擇交者也子張之

言是學已成而泛交者也永嘉何氏晦庵朱氏曰初學固當如子夏之言然於不可者亦踈之而已拒之則害乎交際之道也成德固當如子張之言然於其有大故者亦不得而不絕也

子夏曰雖小道必有可觀者焉致遠恐泥是以君子不爲也泥去聲

集曰小道謂百家衆技也邢氏疏致遠謂達之於用推之天下與來世也南軒張氏泥不通也包氏注百家衆技猶耳目口鼻皆有所明非無可觀也然不該不徧以之致遠則恐泥而不可行耳故君子不爲也若夫通行

乎天下後世而無弊者其惟堯舜之道乎本龜山楊氏說

子夏曰日知其所亡月無忘其所能可謂好學也已矣亡作無好去聲

節釋曰所亡其所未有也所能其所已得也日知其所亡月無忘其所能非志之篤者不能然此所以爲好學

子夏曰博學而篤志切問而近思仁在其中矣

集曰仁人心也雖以學問求之實由志思體之葉山黃氏學之博矣而能篤志問之切矣

而能近思心不外馳由是以進仁在其中矣東谷鄭氏

子夏曰百工居肆以成其事君子學以致其道

集曰肆謂市肆也金陵王氏節謂致如致人致師之致百工居肆則朝於斯夕於斯其志勤矣其習專矣故能以成其事君子之於道亦猶是也念終始典于學道其有不可致者乎

子夏曰小人之過也必文

集曰文謂飾之也晦庵朱氏君子有過則必改

小人有過則必文然小人掩其不善而著
其善人之視已如見其肺肝然蓋亦不能
文也

黄氏

子夏曰君子有三變望之儼然即之也溫聽其
言也厲

集曰即就也儼者其容莊也溫者其氣和
也厲者其辭正也鄭氏曰厲嚴正也望之儼然若
不可得而親也及其即之則溫焉即之也
溫若可得而親也而聽其言則厲焉中和
發見自然如此君子不知其爲變也三變

者姑以是形容之耳本南軒張氏說

子夏曰君子信而後勞其民未信則以爲厲己也信而後諫未信則以爲謗己也

集曰或曰厲猶病也謗猶毀也事上使下必誠意交孚然後可好逸惡勞民之情也惟懇切爲民之意先有以信乎其民故其使民也而民任之蓋知其利乎我也喜順惡咈君之情也惟篤實愛君之誠先有以信乎其君故其諫君也而君聽之蓋知其忠乎我也苟民以爲厲己而君以爲謗己

是亦誠意未孚於平日之素耳

子夏曰大德不踰閑小德出入可也

集曰大德小德猶言大節小節也明道程子閑闌也所以止物之出入者也晦菴朱氏惟大德不踰閑而後小德可以出入其一出而一入終不離乎閑之中故曰可也苟大本之不立而謂出入爲可則是小人之無忌憚而已南軒張氏武夷吳氏曰子夏小德出入之言不能無弊讀者詳之

子游曰子夏之門人小子當洒掃應對進退則可矣抑末也本之則無如之何子夏聞之曰噫

言游過矣君子之道孰先傳焉孰後倦焉譬諸
草木區以别矣君子之道焉可誣也有始有卒
者其惟聖人乎洒所賣切掃素報切别彼列切焉可誣之焉於虔切餘如字
集曰過誤也誣罔也卒終也註疏子夏教門
人小子以洒掃應對進退之事此乃初學
者入德之序言游哂之以爲所務者末而
不能其本子夏辨焉謂子游之言誤矣君
子之道孰爲可先而傳之孰爲可後而倦
不傳但教之所施當有次第而不可以躐
等也譬之草木之不齊猶有區以别之節謂

（此區字如有字三區之區張氏所謂區分者是也）況夫君子之道苟不量夫學者所至之淺深而槩以其遠且大者驟而語之則是誣之而已其可哉至若本末始終一以貫之則惟聖人爲然非初學者之事也（本晦庵朱氏南軒張氏説）

子夏曰仕而優則學學而優則仕

集曰優有餘力也仕與學理同而事異故當其事者必先有以盡其事而後可以及其餘然仕而學則所以資其仕者益深學而仕則所以驗其學者益廣又曰仕優則

學爲已仕者言也學優則仕爲未仕者言也朱晦菴氏

子游曰喪致乎哀而止

集曰致者所以自盡也張南軒氏節謂子曰喪與其易也寧戚記曰喪與其哀不足而禮有餘也不若禮不足而哀有餘也喪主乎哀故致乎哀而止外此非所務也

子游曰吾友張也爲難能也然而未仁

節釋曰子張之行過高而務實之功少故子游云然

曾子曰堂堂乎張也難與並爲仁矣

集曰堂堂虛驕之貌也仁人心也惟用心於内者得之子張飾堂堂之容則務外自高不可輔而爲仁亦不能有以輔人之仁也（本晦菴朱氏説）

曾子曰吾聞諸夫子人未有自致者也必也親喪乎

節釋曰自致者自盡其心也（晦菴朱氏曰致盡其極也）凡人於他事猶有勉強矯飾未必能自盡至於親喪則眞情畢見無有不能自盡者

故孟子曰親喪固所自盡也

曾子曰吾聞諸夫子孟莊子之孝也其他可能也其不改父之臣與父之政是難能也

集曰孟莊子魯大夫名速其父獻子名蔑獻子歷相三君賢大夫也其臣必賢其政必善莊子自知不及其父能守之而不改焉故其他孝行雖有可稱不若此爲難能耳晦菴朱氏南軒張氏　朱氏曰若父之臣與父之政有不善而不改則是成其父之惡爾惡得爲孝哉

孟氏使陽膚爲士師問於曾子曾子曰上失其

道民散久矣如得其情則哀矜而勿喜
集曰陽膚曾子弟子士師典獄之官問於
曾子者問其師求典獄之法也註疏先王之
於民所以養之教之者無所不用其極其
有不率教者然後齊之以刑亦未嘗不致
其哀矜之意也後世教養之道蕩然不存
民心無所維繫以至犯法非迫於不得已
則陷於不知也任士師之職者當思所以
使民至此是誰之過與如得其情猶可憫
也其可以爲喜乎能存此心者則有以仁

乎斯民矣本南軒張氏說張氏曰後世治獄之官惟患不得其情爾苟得其情則喜矣豈知哀矜而勿喜之味哉

子貢曰紂之不善不如是之甚也是以君子惡居下流天下之惡皆歸焉上惡字烏路切下惡字如字

集曰下流地形卑下之處衆流所趨喻夫人有汙賤之行亦衆惡之所歸也紂之不道可謂極矣其曰不如是之甚者言其始亦未至是唯置身於不善之地故天下之惡皆歸焉耳晦庵朱氏南軒張氏

子貢曰君子之過也如日月之食焉過也人皆

見之更也人皆仰之更平聲

節釋曰食與蝕同日月虧曰蝕更改也仰謂望之也君子之過如日月之蝕不事掩覆而人皆見之及其更也其明自若也故人皆仰之是以君子恥文過而貴改過

衛公孫朝問於子貢曰仲尼焉學子貢曰文武之道未墜於地在人賢者識其大者不賢者識其小者莫不有文武之道焉夫子焉不學而亦何常師之有朝音潮道焉之焉如字餘於虔切識並音志

集曰公孫朝衛大夫馬氏註識記也晦庵朱氏或

曰文武之道所以未墜者以在人者考之可見矣大而道德禮樂小而名物度數賢者見其大不賢者見其小其識雖有大小之不同而莫不各有文武之道夫子從而學之如問樂萇弘問禮老聃問官名於郯子至於入大廟每事問則祝史亦其一也

惟善之主故亦無常師也

叔孫武叔語大夫於朝曰子貢賢於仲尼子服景伯以告子貢子貢曰譬之宮牆賜之牆也及肩窺見室家之好夫子之牆數仞不得其門而

入不見宗廟之美百官之富得其門者或寡矣

夫子之云不亦宜乎語去聲朝音潮

集曰叔孫武叔魯大夫名州仇武謚也馬氏註 上夫子謂孔子下夫子謂武叔七尺曰仞包氏註 子貢牆卑而室淺可俯而窺也夫子牆高而宮廣不入其門則不見其中之所有然得其門而入者或寡矣宜武叔之云然也蓋淺近者易見而高深者難識也本晦菴朱氏說

叔孫武叔毀仲尼子貢曰無以爲也仲尼不可

毀也他人之賢者丘陵也猶可踰也仲尼日月
也無得而踰焉人雖欲自絕其何傷於日月乎
多見其不知量也量去聲
集曰無以爲猶言無用爲此土高曰丘大
阜曰陵晦庵朱氏節謂丘陵可踰而及日月之
高不可得而踰也毀之則是自絕也亦何
損於日月乎叔孫武叔不知仲尼之不可
及又從而毀之與自絕於日月者何異多
見其不知分量而已
陳子禽謂子貢曰子爲恭也仲尼豈賢於子乎

子貢曰君子一言以爲知一言以爲不知言不可不慎也夫子之不可及也猶天之不可階而升也夫子之得邦家者所謂立之斯立道之斯行綏之斯來動之斯和其生也榮其死也哀如之何其可及也知道並去聲

集曰爲恭謂爲恭敬推遜其師也階梯也立之謂植其生也道引也謂教之也行從也綏安也來歸附也動謂鼓舞之也和所謂於變時雍也晦菴朱氏節謂子禽不知聖人而輕議之子貢以爲聖人之不可跂而及

亦猶天之不可階而升也夫子之得邦家
其化功之神速如此生則天下尊之而極
其榮死則天下思之以盡其哀如之何而
可以及之也

堯曰第二十 凡章

堯曰咨爾舜天之曆數在爾躬允執其中四海
困窮天祿永終舜亦以命禹曰予小子履敢用
玄牡敢昭告于皇皇后帝有罪不敢赦帝臣不
蔽簡在帝心朕躬有罪無以萬方萬方有罪罪
在朕躬周有大賚善人是富雖有周親不如仁

人百姓有過在予一人謹權量審法度修廢官四方之政行焉興滅國繼絕世舉逸民天下之民歸心焉所重民食喪祭寛則得衆信則民任焉敏則有功公則説賚來代切任去聲説音悦

集曰咨嗟也歷數帝王相繼之次第允信也執守也中謂理也無過不及之名也晦庵朱氏終盡也以其德當天之曆數在爾躬非已之敢私也理至於中而止允執其中乃相傳之密旨也天之所以立君者凡以爲民而已若使四海至於困窮則天

禄亦爲之永終矣此堯命舜而禪以帝位之辭舜之命禹亦以是言[redacted]林氏堯舜禹三聖人之授受所守者一道而已建安游氏履郄湯名稱小子謙辭也伊川程子曰曰字上必一湯字玄牡黑牡也郄尚白而用黑者未變夏禮故也昭明也皇大也邢氏疏帝謂上帝后謂后土林氏以一元牡告后帝者請桀之罪也成都范氏人之有罪者誅之不敢赦也可臣於帝者舉之不敢蔽也簡閱也言已之賞罰固已簡閱於上帝之心不敢誣也林氏已有罪則

不以及萬方萬方有罪則歸之於已此其自列以聽天命之辭公天下之心如此南軒張氏周頌賚之序曰賚大封於廟也賚予也所以錫予善人也故此言周家有大賞賚所富者善人而已林氏周親周家之親也雖有周親不如仁人百姓有過在予一人此又武王公天下之心也謹權量以下亦述武王事張氏權秤錘也所以定輕重量斗斛也所以定多寡朱氏林氏權量者法度之所由出也故先謹之法度審則紀綱定廢官修

則事無曠此政之所以行而無壅也興滅國不欲忘其先之功德也繼絕世不忍墜夫人之宗祀也舉逸民不使賢才之遐遺也是三者民心之所願而民望之所屬也龜山楊氏曰滅國絕世其先固嘗有德於民矣而民之不能忘也逸民亦民之望也因民之不能忘而興之繼之因民之望而舉之故天下歸心重民食則生者有所養而家給矣重喪祭則生者不背死而俗厚矣凡此皆爲政之紀綱也寬故民有所措信故民願爲之役敏故無失時之患公故能順天下之好惡四者政之

本也張氏節謂此篇所載堯舜咨命之言湯武誓師之意以明數聖人禪繼征伐雖不同而其公天下以爲心則一也其後歷叙武王制治之具立政之本又所以示後世之大法與

子張問於孔子曰何如斯可以從政矣子曰尊五美屏四惡斯可以從政矣子張曰何謂五美子曰君子惠而不費勞而不怨欲而不貪泰而不驕威而不猛子張曰何謂惠而不費子曰因民之所利而利之斯不亦惠而不費乎擇可勞

而勞之又誰怨欲仁而得仁又焉貪君子無衆寡無小大無敢慢斯不亦泰而不驕乎君子正其衣冠尊其瞻視儼然人望而畏之斯不亦威而不猛乎子張曰何謂四惡子曰不教而殺謂之虐不戒視成謂之暴慢令致期謂之賊猶之與人也出納之吝謂之有司屏必郢切費芳味切焉於虔切令去聲

集曰屏除也孔氏註因其所利而利之如制之田産教之樹畜通工易事之類皆是也

以此爲惠而何費之有南軒張氏擇可勞而勞

之以佚道使之也惟喜康共不常厥邑可也其究安宅百堵皆作可也而何怨之有

上蔡謝氏欲者心有期欲之謂若近於貪矣惟君子所欲者在仁而所得者在仁其心純乎天理而無一毫人欲之私亦何貪之有泰者安舒自得之謂若近於驕矣惟君子之心一主於敬不以彼之衆寡小大而二其心則其自處泰然而何驕之有

胡氏威而不猛非曰作威以使人之畏也正其衣冠尊其瞻視以自脩而已然望其容貌之

儼然自有以敬而畏之耳而何猛之有張氏虐謂殘酷不仁暴謂卒遽無漸致期刻期也賊者切害之意晦庵朱氏大司徒以五禮防萬民而教之中故民不率教則附于刑者歸于士苟不教而殺則虐也櫟山黄氏士師以五戒先後刑罰所以警昏愚而懲怠慢先事而約之然後可以責成苟不戒則彼不知緩急之所向而遽視成焉則暴也大司徒大軍旅大田役以旗致萬民而治其政令蓋聚衆以警之垂象以曉之也謹於所

發而期於必行則民之應之也如響苟緩於前而急於後不至則刑從之是賊民也謝氏黃氏東溪劉氏猶之與人當與則與之若但知守出納之吝則是有司之事耳失人心而召禍亂未必不由此故亦居四惡之一焉尊五美屏四惡則政日新而無斁矣張氏河南尹氏曰告問政者多矣未有若此之備者也故記之以繼帝王之治則夫子之爲政可知也

子曰不知命無以爲君子也不知禮無以立也不知言無以知人也

集曰一定而不可易者命也人不知命則常求其所不可得避其所不可免不能居其易以順其正其何以爲君子乎胡氏禮者身之幹也不知禮則視聽言動無所持循其將何以立乎南軒張氏言者心之聲也不知言則邪正善惡無所辨別其將何以知人乎晦菴朱氏節按孟子曰詖辭知其所蔽淫辭知其所陷邪辭知其所離遁辭知其所窮此知言也

論語集說卷第十